医者が絶賛する歩き方

やせる3拍子ウォーク

――タン・タン・ターン♪で楽しく続く

山口マユウ

ダイヤモンド社

・ターン♪
が変わる！

私は、ウォーキングスペシャリストとしてこれまで6万人以上を指導してきました。女優やモデルさんだけではありません。一般の人たちを『国民的美魔女コンテスト』など、数々のコンテストのグランプリやファイナリストに育成してきました。今回初めて、そのノウハウを『医者が絶賛する歩き方 やせる3拍子ウォーク』に凝縮しました。

そうはいっても、「体を変えるにはジム通いやムリな食事制限が必要なのでは？」と思いますよね。でも、必要ありません。

タン・タン・ターン♪の「やせる3拍子ウォーク」なら、通勤通学、仕事中、家で、テレビを見ながらさまざまな場所でできます。

日常生活にエクササイズがビルトインされるので、ジムに行く時間がなくても、楽しみながら自動的にやせてしまう。さらに、11の健康効果もあるから一石12鳥。「やせる3拍子ウォーク」はお医者さんにも絶賛されているのです。やり方はいたってシンプル！「タン・タン・ターン♪」と3歩目の「歩幅（ストライド）」を広げるだけ。それも手の人さ

やせる
3拍子ウォーク

タン・タン
であなた

動画は
コチラ

し指1本分（約8㎝）だけ。これが「未来をつくる8㎝」に変わります。

「そんなうまくいくわけないでしょう」と思う方もいるかもしれませんが、この本に登場する元看護師は半年で13kgやせて『国民的美魔女コンテスト』のファイナリストに、介護福祉士は1500人の頂点であるグランプリに。さらに『TVチャンピオン』（テレビ東京系）で3回優勝の男性パティシエも半年で12kgのダイエットに成功したのです。

実は、この本は単なるダイエット本ではありません。多くの受講生を見ていると、歩くことで「できるスイッチ」が入り、夢や目標が自動的に達成されていくのです。歩き方を変えただけなのに、人生が好転した人たちは「まるで魔法にかけられたみたい」と喜んでくれています。随所に動画とのリンクもありますので活用してみてください。

やせたいあなた、忙しいあなたも一緒に、

「レッツ・3拍子ウォーク♪」

僕が「やせる3拍子ウォーク」を絶賛する理由

最近は、足を上げず、ひざも使わず、股関節も大して動かさず、すり足で歩く人がなんと多いことでしょうか。「何も意識せずにただ歩くスタイル」が当たり前になっています。

実はそんな歩き方こそ、筋肉を衰えさせ、代謝を悪化させているのです。そこで僕がおすすめしたいのが〝3歩目の歩幅を広げるだけ〟の「やせる3拍子ウォーク」です。

①お尻からグッと脚を前に持っていくこと

②うしろ足で地面をギュッと蹴りだすこと

この2つは、足の専門家から見ても、健康効果が非常に高いポイントです。

特に、②の動きはとても重要です。できれば「地面を蹴りだす瞬間の最後」に、ふくらはぎにグッと力を入れることもおすすめします。ふくらはぎは「第2の心臓」ともいわれています。ふくらはぎの筋肉を動かすことでポンプのように働き、血液のめぐりをよくすることができます。血液循環がよくなれば、むくみや冷えの解消にも効果的です。

医者が絶賛する
魔法の歩き方

あなたを救う4大効果

「やせる3拍子ウォーク」を始めると、次の4つの効果が期待できます。

①代謝がよくなる（**有酸素運動**効果）
②筋力がアップする（**筋トレ**効果）
③関節の可動域が広がる（**ストレッチ**効果）
④「3歩目を意識する」ため、**脳まで活性化する**（**脳トレ**効果）

なかでも「①代謝がよくなる」となぜいいのか」、最初に触れておきましょう。

そもそも、人は必ず「老い」へと向かっています。老いとは「代謝が悪くなること」と言い換えられます。

代謝が悪くなると筋肉が衰え、脂肪がつきやすくなります。体も硬くなり、骨ももろくなります。では、どうすれば代謝を上げられるのか。運動が最も効果的なわけです。

けれども、ダラダラと体を動かすだけでは効果はありません。「負荷をさして感じないレベルの運動」では、体の状態を好転させる効果は得られないのです。

そう考えると、「やせる3拍子ウォーク」は、ちょっとだけハードに動けばいい〝中等度の動き〟が絶妙に組み込まれているので、子どもから大人、高齢者まで、3世代、誰にとっても理想的なのです。

人生100年時代に、健康的にやせながら、脳トレ（もの忘れ防止）効果もある「やせる3拍子ウォーク」は、まさに現代人にとっての福音。もちろん僕も毎日実践中です。

もうあなたはジムに通う必要はありません。仕事をしながら、買い物をしながら、テレビを見ながらの「ながらエクササイズ」を日常生活にビルトインするだけでいいのですから。

だからこそ、どんなライフスタイルの方にも自信を持っておすすめできるのです。

医師・吉原正宣《よしはらまさのぶ》
（足と歩行の診療所院長）

関西医科大学卒。洛和会音羽病院形成外科に勤務中、米国の「足病医」（Podiatrist《ポダイアトリスト》／足部を診る専門医師）より指導を受ける。その後、下北沢病院足病総合センターなどへの勤務を経て2018年、「足と歩行の診療所」（東京都大田区）を開院。足の病気と歩行の障害の解消に向け、診療に邁進している。日本形成外科学会形成外科専門医、日本抗加齢医学会専門医。テレビにも多数出演。

効果！

UNBELIEVABLE!!

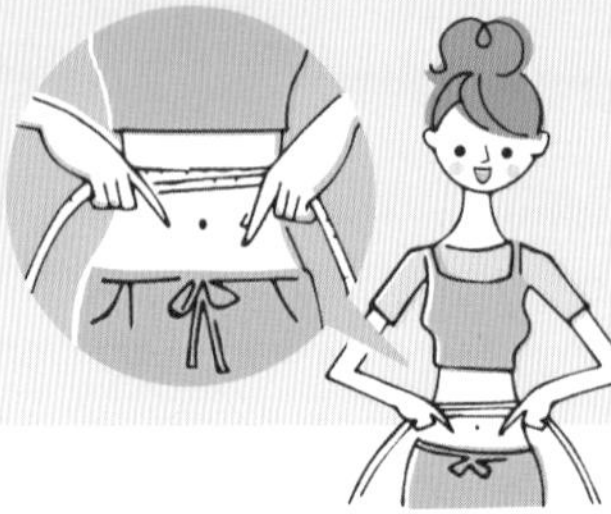

＼効果 その1／
やせる

＼効果 その2／
姿勢スラッ・うしろ姿キリッ

＼効果 その3／
O脚改善・歩き方きれい

＼効果 その4／
肌つや・若返り

＼効果 その5／
血流アップ

＼効果 その6／
小尻・ヒップアップ

一石12鳥

＼効果 その7／
下腹ぺたんこ・お通じ改善

＼効果 その8／
猫背解消

＼効果 その9／
肩コリ・腰痛防止

＼効果 その10／
太りにくい体質へ

＼効果 その11／
疲れにくい体へ

＼効果 その12／
自信がついて人生劇変！

8人のビフォー・アフター
あなたも必ず変わります！

体重
52kg→47kg

ウエスト
65cm→58cm

Before

After

第8回『国民的美魔女コンテスト』グランプリ（1500人の頂点）

村《むら》田《た》優《ゆ》美《み》さん（43）

「歩き方を変えただけで、
まさかのグランプリ。いまだに信じられません」

介護の世界にどっぷりつかっていた私に転機が訪れたのは、娘が『国民的美魔女コンテスト』への応募をすすめてくれたこと。自分の姿勢には自信があったのですが、マユウ先生に私の歩いている姿を撮影してもらったところ、〝猫背ぎみのくたびれたおばさん〟が……（汗）。

そこであわてて、真剣に歩くことから始めようと決心したのです。すると信じられないことに、第8回『国民的美魔女コンテスト』グランプリ（1500人の頂点）に。なんで、私が!? という気持ちでした。「介護の世界に〝美〟なんて不要では？」と思われがちですが、過酷な現場だからこそ、「美」が人間関係の潤滑油に。マユウメソッドは介護の世界を活性化させる強力な武器となっています。

職業	会社経営、モデル（介護福祉士・ケアマネジャー・社会福祉士）
体重	52kg→ 47kg（5kgダウン）
身長	162cm
ウエスト	65cm→ 58cm（7cmダウン）
変化期間	3か月

タン・タン・ターン♪と人生が好転した

神セブン美女と野獣

体重
60kg→ 47 kg
13kgダウン

Before

After

第5回『国民的美魔女コンテスト』ファイナリスト

中《なか》山《やま》秀《ひで》子《こ》さん（54）

「13kgやせた途端、同僚からの“扱い”が劇変！
早くスリムになればよかった」

40代になる頃から、体の重みに耐えかね、ひざや股関節が痛むようになりました。肥満の原因は、仕事のストレスや炭水化物のとりすぎ、前傾姿勢と小さな歩幅でのちょこちょこ歩きでした。そこで、マユウ先生のウォーキング教室に通い始めたのです。すると、1時間レッスンの翌日は全身筋肉痛に。それまでいかに横着して歩いていたかを痛感しました。

結果、体重は13kg減。デニムのサイズも大幅ダウン。それに気をよくして、無謀にもわずか3か月の準備で、第5回『国民的美魔女コンテスト』に応募。すると、ファイナリストに選ばれたのです。勝因は、背筋をしっかりのばし、体幹をブレさせず、正しい姿勢で歩幅を意識して歩いたことだったと実感しています。

職業	会社経営（元看護師）
体重	60kg→ 47kg（13kg ダウン）
身長	158cm→ 159cm（1cmアップ）
変化期間	6か月

Before

After

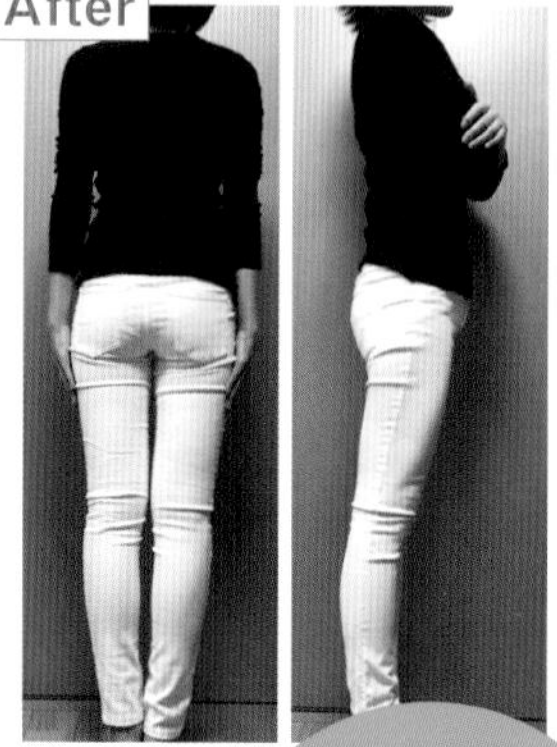

座り仕事でも、お尻1個分ヒップアップ！

三《み》穂《ほ》かおるさん（36）

「自分でもびっくり！
歩き方を変えたら、
お尻がまるまる1個分、
上がったんです」

体重
53kg→49kg
お尻
1個分
ヒップアップ

職業	講演講師、管理栄養士（世界一おじさまにやさしい元北新地ナンバーワンホステス）
体重	53kg→ 49kg（4kgダウン）
身長	162cm
お尻	1個分ヒップアップ
身長	162cm
変化期間	3か月

私は20代から昼は管理栄養士、夜はホステスのダブルワーカーでした。

29歳のとき、「この世界で天下をとる」と北新《きたしん》地《ち》デビューを果たし、そのお店でナンバーワンになりました。

ところが、グルメ三昧とアルコールの大量摂取で激太り。仕事は座りっぱなしのため、運動不足と血行不良もあり、痔《じ》にも悩まされました。

そんなある日、マユウ先生にめぐり会い、スニーカーで歩き方を変えたところ、体重は4kg減。お尻も1個分、位置が上がったのです（↓上写真）。腹筋を意識して、ホステス業の合間もずっとよい姿勢をキープできたからでしょう。マユウ式エクササイズは、おうちでもできるので気軽に取り組めました。食事改善以上に効きますね。

神セブン美女と野獣

Before

After

専業主婦（3児の母）が人気インストラクターに転身

新《にい》野《の》見《み》博《ひろ》子《こ》さん（47）

「厳しい審美眼を持つママ友から
『なんか変わったよね?』と
探りを入れられました」

体脂肪率
25%→20%
5%ダウン

子どもが小さい頃は「自分の見た目」など二の次でしたが、チラシでマユウ先生を知り、「歩くことで健康になれるのなら」と体験講座に参加しました。この歩き方は3歩目の歩幅を「無理やり大きくする」のではなく「無理なく自然に大きくする」もの。そのためには、うしろ足をしっかり蹴るのが大切です。マユウ先生の講座に通い始めて2か月後、あるママ友が「なんか変わったよね？」とザワつき始めました。それから私の行動半径も広がり、学校行事に参加するたびに、息子たちからは「友達が母さんのことカッコいいってほめていた」と賞賛の嵐。歩き方を変えただけでみんなから大切にされるように（夫が連れていってくれるレストランの格もアップ）。想定外の展開です！

職業　ウォーキング講師（男児2人・女児1人の母、元専業主婦）

体脂肪率　25%→20%（5%ダウン）

変化期間　2か月

ぽっこりお腹が消えてビキニも着られるように!

菊《きく》地《ち》紀《のり》衣《え》さん(34)

Before

After

「DJの命、“声”まで
ほめられちゃったんです。
歩くと全身が変わるって本当!」

体重
55kg → 51kg
4kgダウン

私は数年前まで保育士でしたが、自分でも予想だにしない方向に人生が転がり、今は愛媛のラジオ番組でパーソナリティを務めています。

きっかけは、マユウ先生との出会いで「歩き方を変えたこと」。もともと子どもが好きだったので保育士になりましたが、ストレスが多く、暴飲暴食をくり返し、ぽっこりお腹に。ひどい冷え性にも悩まされていました。

ところが、マユウ先生の指導で歩き方を変えたら、あっというまに4kg減で「ぽっこりお腹」も解消。冬でも素足ですごせるようになりました。体重よりも見た目の変化が大きく、自信も自己肯定感も突然アップ。「自分が本当にやりたいこと」を考える余裕が出て、ラジオパーソナリティという天職にたどり着けたのです。

職業	FM愛媛ラジオパーソナリティ(元保育士)
体重	55kg→51kg(4kgダウン)
身長	170㎝
変化期間	6か月

長年の悩み
O脚が
劇的改善

O脚改善であこがれのモデルに

深《ふか》尾《お》衣《い》咲《さ》子《こ》さん（31）

「遺伝とあきらめていたO脚も解消！
心の深い傷跡まで消せたのがうれしかった」

25歳のときに、もらい火で家が火災に遭い、そのショックで食欲が失せ、体重が激減。気分が落ち込み、口内炎や円形脱毛症に悩まされました。ですから20代の頃から「まずは健康にならなければ」という思いがありました。そんな時期にマユウ先生と出会い、歩き方を変えたところ、心身が健康になり、若さを取り戻せました。それまでは典型的なペンギン歩き（P25）でしたが、歩幅を意識しただけで、歩き方が劇変。「短時間でも真剣に歩いた日」の翌日は、お通じもよくなります。歩くと、自然とネガティブなことを考える余裕がなくなり、数か月経つと心はポジティブ、気にしていたO脚は解消。苦手だったハイヒールを履きこなし、モデルの仕事で舞台の花道を歩けるようになったのです。

職業	専門商社会社員、モデル
体重	46kg→43kg（3kgダウン）
長年の悩み	O脚が劇的改善
変化期間	3か月

ヘルニア改善だけでなく『ミセス日本グランプリ』ファイナリストにも！

藤《ふじ》本《もと》由《ゆ》美《み》子《こ》さん（53）

Before

After

「冷えない体に変身！
肩コリもなくなってテレビ出演！
ホント、人生変わりました」

体温
35℃→ 36.5℃
1.5℃アップ

職業　タレント・モデル・ヨガ（顔ヨガ）講師（元大手企業役員秘書）
体温　35℃→ 36.5℃（1.5℃アップ）
変化期間　1か月

30代で出産後、ギックリ腰になり、腰をかばいながら生活していたところ、椎間板ヘルニアを発症。しかも「腰痛」と「頸椎《けいつい》」のダブルパンチでした。2人の子育てに奔走し、前傾姿勢で家事に集中していたのが悪かったのでしょう。「このままではマズイ。正しい姿勢や体の使い方を学ばなければ」と、たどり着いたのがマユウ先生の歩き方でした。結果、姿勢が改善されたのはもちろん、気にしていた平熱35℃の低体温が36・5℃になったのです。現在、講師として「やせる3拍子ウォーク」を受講生に伝えるべく、日夜研究しています。最近は通販のテレビ番組に出演するようにもなりました。

次の目標は、60代になってもミニスカートを穿《は》いて街を闊歩《かっぽ》することです。

Before

After

モテたい一心で12kgやせた〝ナニワのちょいワルパティシエ〟

横《よこ》川《がわ》哲《てつ》也《や》さん（55）

体重
84kg → 72kg
12kgダウン

「食事制限なしで
12kg ダイエットに
ラクラク成功したんです」

「モテたい！」という思いは世界共通です。そのために僕は、若い頃からやせる努力をしてきました。数々の研究を重ねた結果、ダイエット効果が一番高かったのは、マユウ先生の「やせる3拍子ウォーク」です。なにせ84kgだった僕が、6か月で12kgもの減量に食事制限なしでラクラク成功したのですから。「やせる3拍子ウォーク」は、太ももやお尻など「筋肉の多いところ」を中心に鍛えられる全身運動なので、消費カロリーを効率よく上げられます。つまり、効率のよい筋トレになるのです。「やせる3拍子ウォーク」の効果でやせて自信がつき、ピンクなどの明るい色のゴルフウェアを楽しめる機会が増えました。それでモテるようになったか？

それはご想像におまかせします（笑）。

職業　洋菓子店経営
『西日本洋菓子コンテスト 厚生労働大臣賞』など受賞歴多数。
『TVチャンピオン』（テレビ東京系）ケーキ職人大会第2回、グランドチャンピオン大会、日仏大会の計3回優勝

体重　84kg→ 72kg（12kgダウン）

身長　169㎝

変化期間　6か月

『医者が絶賛する歩き方 やせる3拍子ウォーク――タン・タン・ターン♪で楽しく続く』もくじ

ジム通いや
ムリな食事制限※は
必要ありません。
仕事中、買い物中、送り迎え中
“ながら3拍子”で
自然とやせていきます

※本書における食事制限の「食事」とは、日本人の食事摂取基準（厚生労働省）に基づくものです
※本書で紹介する事例は「やせる3拍子ウォーク」の実践によるものです
※各動画はQRコードをスマートフォンかタブレットで読み込んでください
※動画内容は、改訂・編集される可能性があります

歩幅が広がるだけで、なぜやせることができるのでしょうか。

歩くときに、歩幅が広がると、自動的に歩行スピードはアップします。すると全身への負荷は、当然大きくなります。つまり、体のさまざまな筋肉への影響は大きくなり、カロリー消費は増え、代謝もアップします。だから必然的にやせていくのです。

極論をいえば、全歩幅を広げたら、ダイエット効果はより高まるわけです。でも、それはあくまで理論上の計算。あまりにしんどいので、絶対に長続きしません。

さらに過度な食事制限をしても長続きしないでしょう。

肥満の多いアメリカでは「1日に30分多く歩けば今よりも体重が増えることはない」という研究結果があります。

そこで、現役医師や大学教授らにも助言を仰ぎ、試行錯誤を経て、3拍子のリズムを楽しみながら3歩目だけを意識する「やせる3拍子ウォーク」が誕生したのです。

寒くても、暑くても、〝すいすいスタスタ〟。5分で目的地まで行って、5分で戻ってくれば、約1000歩。たった10分歩くだけで、1日1000歩も増やせます。

このメソッドで歩幅を広げると、「うしろ姿」までキリッと引き締まります。

朝、鏡の前に立ったとき、「顔」を見る人は90%、「全身」を見る人は50%、「うしろ姿」を見る人はわずか1~2%しかいないといわれています。

でも、「うしろ姿」にこそ、本当の年齢がにじみ出るもの。どこから見ても若々しい、全方位型の美しい体を目指しましょう。歩幅を広げたその先には、理想の人生が待っています。

「やせる3拍子ウォーク」なら、うしろ姿まで健康的にやせる

PART

1

通勤通学・仕事中・家で・テレビを見ながら、ラクラク「やせる3拍子ウォーク」で一石12鳥効果！

通勤通学・仕事中・家で・テレビを見ながらできる「やせる3拍子ウォーク」とは

打合せの移動中…
通勤時ひと駅前で下車して…
家であの映画を見ながら…

「やせる3拍子ウォーク」の真髄は、「ながら」でできること。つまり、ダイエットに費やす時間をスケジュールにつけ足す「アドオン（add-on）思考」ではなく、いつもの暮らしの中にやせる動きを自然に組み込む「ビルトイン（built-in）思考」です。

だから、通勤通学、仕事中などの移動中や、自宅や職場でのスキマ時間をダイエットタイムに変えられます。また、「やせる体の使い方」も、自動的にマスターできてしまいます。

もちろん、周囲にバレたり、悪目立ちしたりしては、習慣にするのは難しいです。だからこそ「こっそりやせられる」という条件もクリアしています。ここだけの話、〝美のプロたち〟はみんな、「やせる体の使い方」をすでに取り入れています。でも、わざわざ明かさないだけ。

あなたも、「見られる側」の世界へとワープしませんか。もちろん、毎日のスケジュールはそのまんま。「こっそりやせる魔法」を、これから惜しみなくお伝えしようと思います。

無理せず、楽しく続けるために

一般的に人間の体は20歳をピークに身体能力は低下し、35歳前後に衰えを感じることが多くなります。自分だけはケガをしないという思い込みはやめ、正しい歩行の習慣を身につけましょう。

若くて健康な人でも、合わない靴を履いていると体を痛めます。水を飲まずに炎天下を歩けば、あっというまに熱中症になってしまうでしょう。1日の中でも「暑すぎず、寒すぎない快適な時間帯」を選び、紫外線や日差しから肌を守りながら、10～15分に2～3口、水分を補給しながら歩いてみてください。「靴ずれ」&「股ずれ」にも要注意。靴ずれ対策としては、足にフィットした靴をきちんと選ぶこと。絆創膏《ばんそうこう》を持ち歩くこと。股ずれ対策には、ワセリンや軟膏《なんこう》などのクリームを塗ることです。また、歩き終わったあとに、水を飲まずにお酒を飲むことはＮＧ。急性アルコール中毒を引き起こす危険性があります。異変を感じたら、すぐに休んで様子を見ましょう。歩行中は、周囲への気配りも忘れないようにしたいものです。

姿勢診断

知らず知らずのうちに“動物歩き”していませんか？

「直立二足歩行ができるのは人間だけ」という常識は真っ赤なウソ。なぜなら、きちんと歩けていない人が大半だからです。

ウォーキングスペシャリストとして6万人以上を見てきましたが、生物の進化の過程で見たときに、「人間未満」のレベルの歩き方をしている人がなんと多いことでしょうか。

たとえば、接客業や人前に出る仕事の人に多い「ペリカン」タイプ。凜《りん》とした見た目や低姿勢を意識し、反《そ》り腰と猫背になっています。

次は、デスクワークの人や年配の男性に多い「ペンギン」タイプ。骨盤が後傾しながら顔が前に出て、ペタペタ狭い歩幅でゆれながら歩くのが特徴です。

最後は、役職者、中間管理職に目立つ「ゴリラ」タイプ。骨盤が前傾しながら、胸を張って腰を反る姿勢が特徴。ヒールを履いて早足で歩く女性にも多いです。

さて、あなたはどのタイプでしょうか？

「3拍子ウォーク」を始める前に

イケてない歩き方の3タイプ

ゴリラ

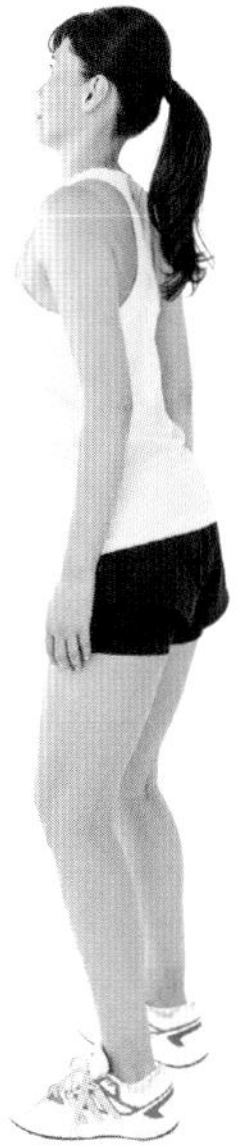

反り腰で胸を張り、足を上げずに歩く。お腹ぽっこり、お尻は大きく見える。あごが上がっているので、エラそうに見える。歩幅ではなく、歩隔が広がる。腰痛持ちが多い

ペンギン

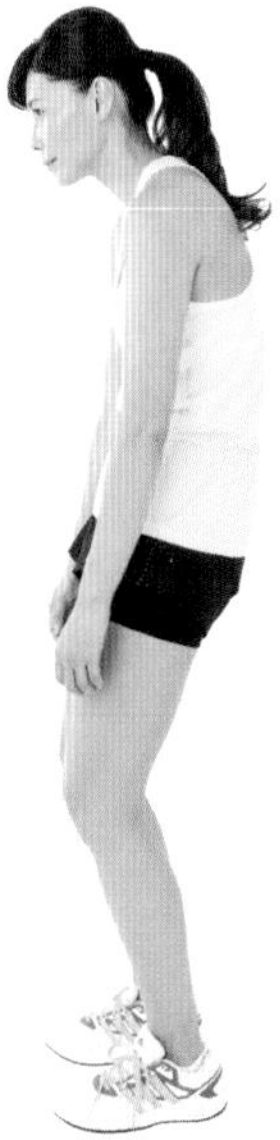

猫背のカーブが腰まで続く「上半身の丸み」が目印。ひざを曲げたまま、狭い歩幅で「顔から歩く」ため、垂れ尻、貧乳、老け顔が悩み。首の痛みや肩コリ、ひざ痛を抱えていることが多い

ペリカン

反り腰なので、腰痛、お腹ぽっこり、肩を丸めて歩きがちなので、肩コリになるケースも多い。足を上げず、歩《ほ》隔《かく》（両足の間の横幅）を開くことでバランスをとりながら進む傾向がある

「3拍子ウォーク」を始める前に

「正しく立つ」から始めましょう

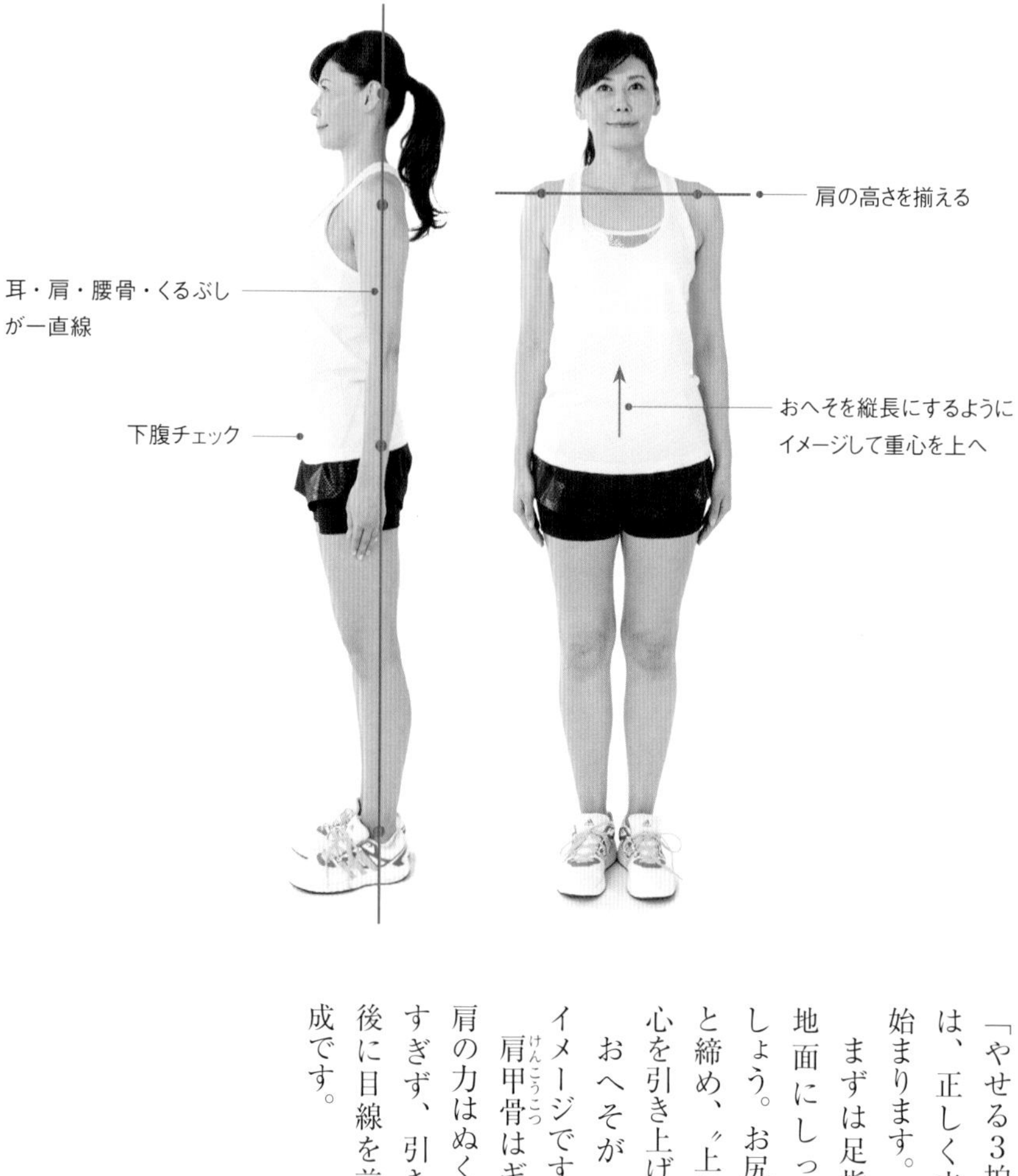

「やせる3拍子ウォーク」は、正しく立つことから始まります。

まずは足指とかかとを地面にしっかりつけましょう。お尻の穴はキュッと締め、〝上昇志向〟で重心を引き上げましょう。

おへそが「縦」になるイメージです。

肩甲骨《けんこうこつ》はギュッと寄せ、肩の力はぬく。あごは上げすぎず、引きすぎず。最後に目線を前に向けて完成です。

「3拍子ウォーク」を始める前に

「かかとトントン♪ひも結び」で、歩き方がガラリと変わる!

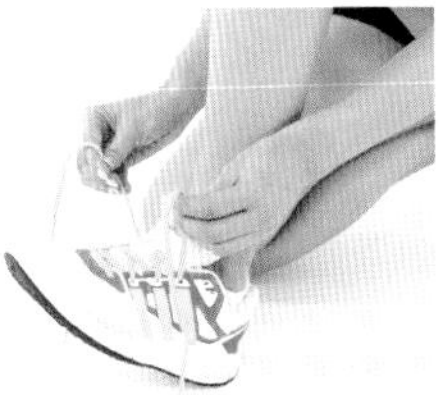

①「かかとトントン♪ひも結び」
つま先に1〜1.5㎝ほどのゆとりがある「指先踊るつま先」が正解

②「踏み込む踏み込む♪」
つま先を立てて、踏み込む足をつくる

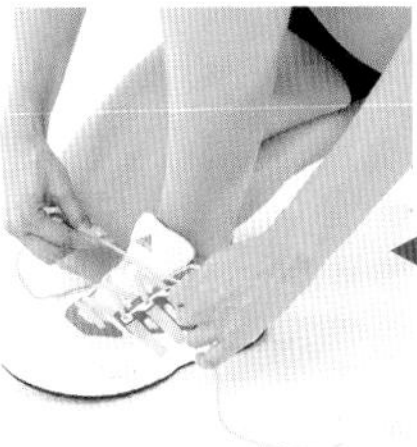

③「靴ひもキュッ♪」
ひもを結んで完了

どんなにいい靴でも、履き方が悪いと、正しく歩きにくくなります。「かかとトントン♪ひも結び」で靴に足をなじませましょう。足を靴に入れたあと、「かかと→つま先」の順にサイズを合わせ、ひもを結びます。

「①かかとトントン♪」のとき、「つま先・足指を1本ずつ動かせること」を確認してください。反対に「つま先→かかと」の順でサイズを合わせるのはNG。つま先を靴の中でギチギチに詰め込んでしまうと、足指が動けなくなり、足指本来の力が出せなくなります。靴ひもは、結びっぱなしではなく、その都度結び直しましょう。

理想の歩き方

スニーカーの場合

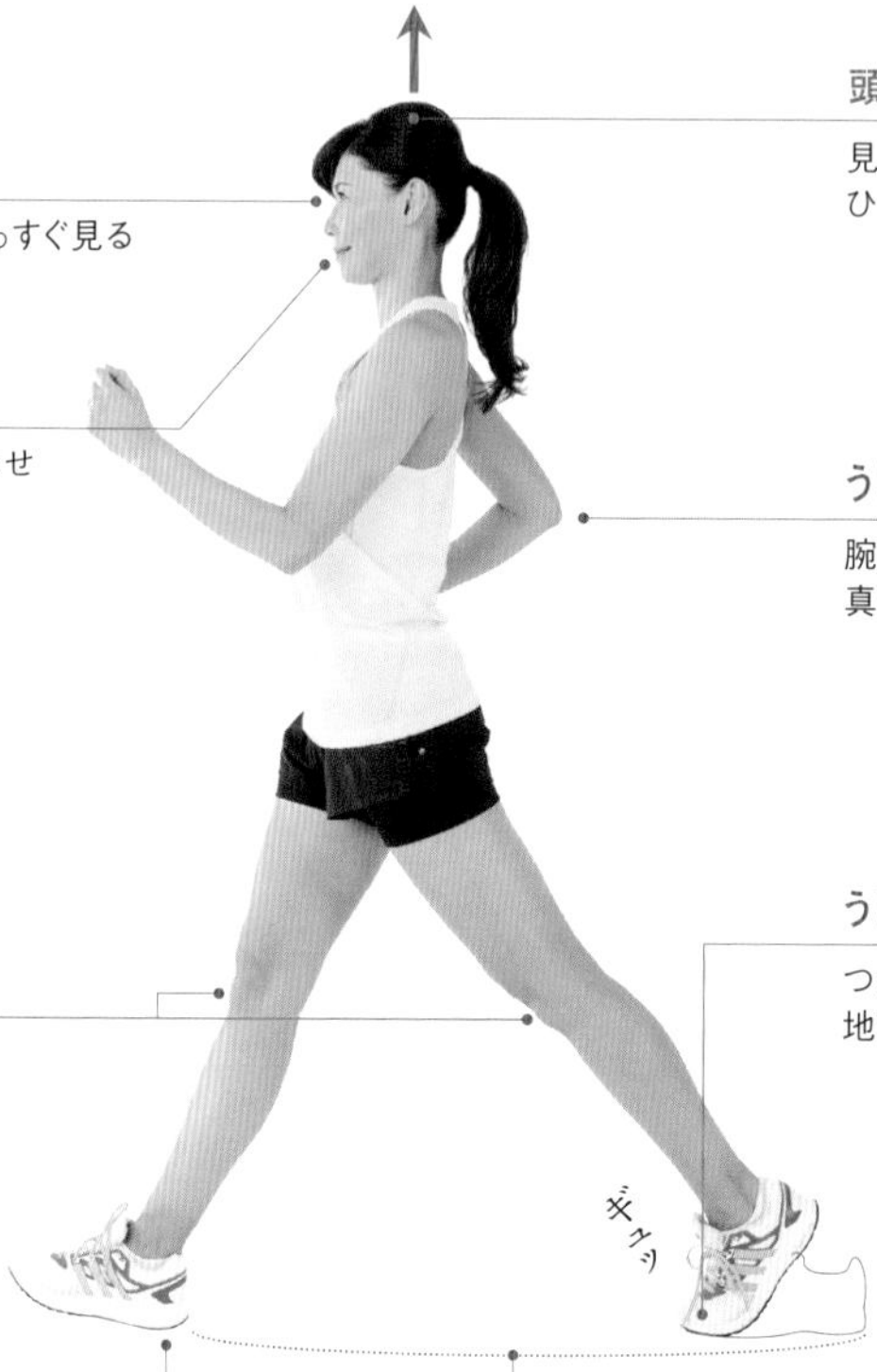

頭上

見えないもので天から
ひっぱられている気持ち

目

前方10m先をまっすぐ見る

口

くちびるを軽く合わせ
口角《こうかく》を上げる

うしろの腕

腕は90度に曲げ、
真うしろに引く

うしろ足の足指

つま先に重心を残して、
地面をギュッと踏み込む

左右のひざ

両方とものばす

前方のかかと

かかと着地

歩幅

歩幅＝身長－100㎝
（通常より手の人さし指1本分、歩幅を広げるとこれに近づく）

「足が自動的にすいすいスタスタ動いちゃう！」

そんななめらかな足運びを実現するには、「うしろ足」（歩行時、瞬間的にうしろにくる足）で地面を強く蹴るのが大切です。うまく蹴れると、歩幅は自動的に広がり、歩行スピードもアップします。

「前足やうしろ足なんて、人間にも当てはまるの？」と驚かれるかもしれませんが、非常に重要なのです。歩くときは「前に踏み込むこと」ばかりを考えがちですが、「うしろ脚」の動きが重要です。うしろ脚のふくらはぎでおもいっきり蹴るイメージを持っていると足指で強く蹴れるようになります。

ハイヒールの場合

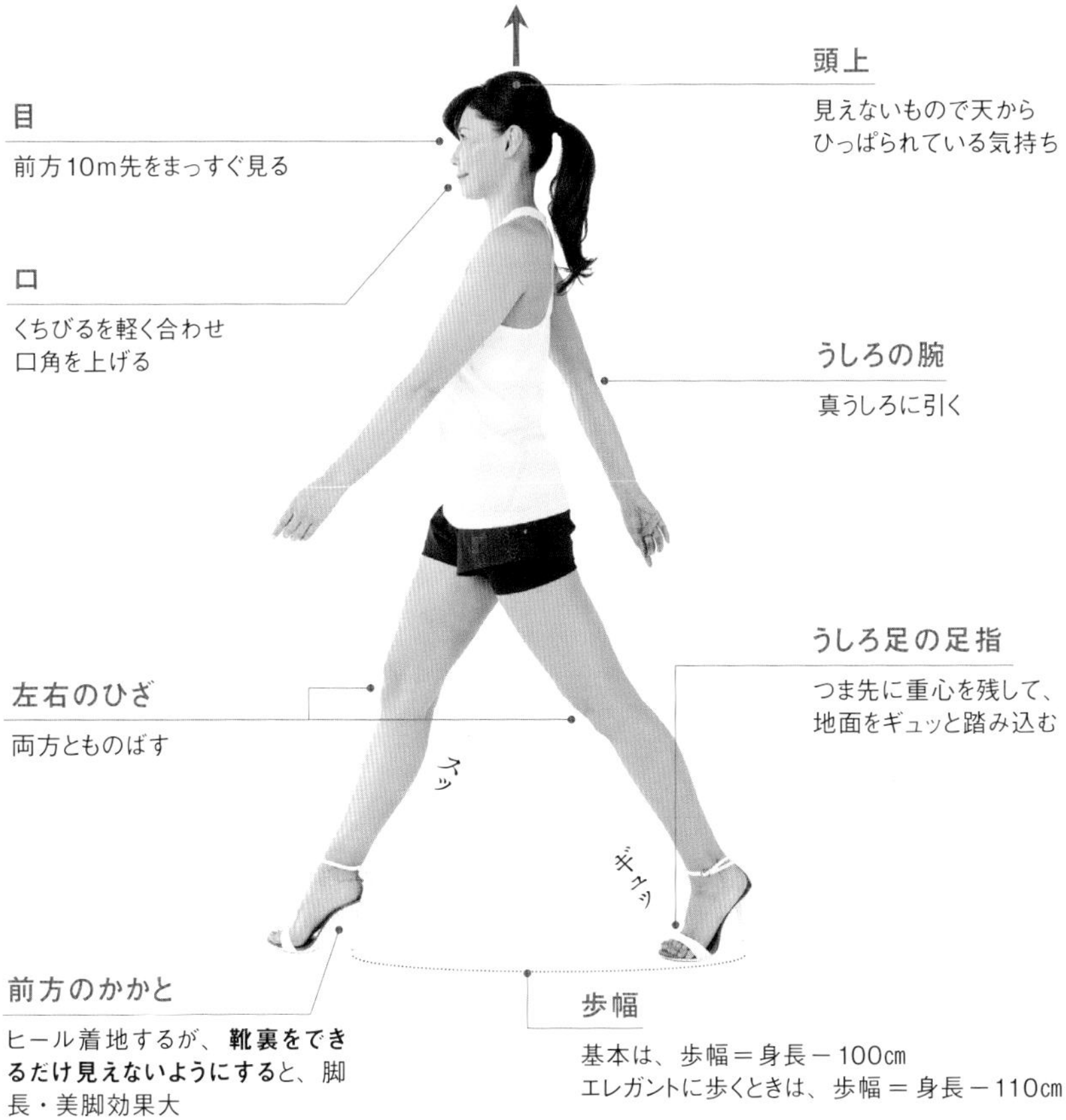

ハイヒールでも、運動効果を損なわずに歩けます。ただ、ハイヒールの場合、まっすぐ立つだけでも相当な筋力を使います。スニーカーでブレない体幹と高めの重心を整えてからハイヒールに移行しましょう。スニーカーとの違いは着地の瞬間です。ハイヒールの場合も「ヒールから着地」しますが、「つま先からの着地」をイメージし、靴裏をできるだけ見せないようにすると、脚長・美脚効果が生まれます。バランスをとるために「腕を真うしろに引く」(P40)ことや、「ヒールでも疲れない歩き方」(P31)も大切です。

マユウの相談室❶

Q

靴選びのコツは？どんな靴がベストですか？

A

靴ひもタイプのスニーカーがおすすめ

「やせる3拍子ウォーク」では、スニーカーがおすすめです。近年、「スニ女」（スニーカーを愛好する女性）も現れ、話題となっています。まず、スニーカーの選び方を紹介しましょう。

「靴ひもがないタイプ」や「ゴムひものタイプ」もありますが、「靴ひもを結んで調整ができるタイプ」を選びましょう。靴底がすべりにくいもの、足の動きに沿ってつま先が曲がるものを選べば、力強く蹴りだせます。

また、かかとの底のクッション性と、かかとホールドの安定性が高いと、歩幅を広げたときに、足がブレなくなります。お店では、手にとって確かめ、必ず試し履きをしましょう。

かかとを合わせたとき（「かかとトントン♪ひも結び」→P27）、つま先に1〜1.5㎝ほどのゆとりがあり、横幅が窮屈でないか確かめます。店内を歩かせてもらい、足に合っているかをチェック。ヒールパンプスはワイズが合っているものを選ぶと、前すべりしにくくなります。

マユウの
相談室❷

Q

ヒールでも疲れない歩き方って？

A

低めのヒールで、ひざをのばして颯爽《さっそう》と

体の重心を高く保ち、ヒールと足の親指のつけ根に支点を置いて歩けば、足は疲れにくくなります。美脚でスタイルよく見せてくれるハイヒールで颯爽と歩く女性に憧《あこが》れますよね。でもヒールが高ければ高いほど、足は前すべりし、指や指のつけ根が痛くなります。私は、移動はスニーカーでしつつ、バッグにはボロネーゼ製法の7cmヒールパンプスを入れています。また、ここぞというとき用には10cmピンヒールと使い分けています。

おすすめのヒールの高さは、仕事時3～5cm、美脚で好印象を演出したいとき6～9cm、自己主張したいとき10cm以上。ただし、高いヒールでひざを曲げてペタペタ歩くより、ちょっと低めのヒールで、ひざをのばして颯爽と歩けたほうがよほど美しく、足が疲れることもなくなります。また、いくつになってもハイヒールを履くためには筋力も大切。移動時、スニーカーを履いて「やせる3拍子ウォーク」を行ってみてください。明日のあなたは体が軽くなり、ハイヒールを履いて凛と歩けるはずです。

マユウの相談室③

Q

楽しくないと続かない私。楽しく継続できるコツは？

A 気持ちいいを実感できる「御三家ウォーク」がおすすめ

「やせる3拍子ウォーク」を始めて1週間目で体が、2週間目でまわりの反応が、3週間目で心が変わり始めます。

ぜひ試してほしいのが、3歩目だけ両肩を開きながら、笑顔で「シャキーン♪」という「タン・タン・シャキーン♪」（P45）、1本線上を足をクロスさせながら歩く「クロスウォーク♪」（P47〜48）、横断歩道の白い部分を歩く「ゼブラウォーク♪」（P50）。これらは〝楽しさ重視派〟に捧げたい「超絶面白楽しい、御三家ウォーク」です。

また、「ひじビーム」（P60）は気軽にスキマ時間にできてとても効果的。丸まった背中も、コチンコチンの胸元もすっきりリセット。「やせる3拍子ウォーク」の姿勢がグーンと美しくなります。

親しい人には、「これ、気持ちいいよ」と広めてしまうのもおすすめ。なんといっても、1億総〝コチコチボディ〟時代ですから。再ブームとなっている「ラジオ体操」と同じノリでみんなでシェアできれば最強です。

マユウの
相談室④

Q

どうすれば、自信がつきますか？

A

小さな「できた」の積み重ね

自信が持てないのはつらいですよね。そんなときは、おでことデコルテに光を浴びながら、口角《こうかく》を上げて歩いてみてください。しばらくすれば悩んでいることがどうでもよくなります。これは私の祖母が教えてくれた習慣です。子どもの頃の私は、まわりの大人から「そんなに背が高いとお嫁にいけないわよ」といわれ、長身コンプレックスで自信バロメーターはマイナス100%でした。

「自信がない」と否定的なフレーズで自分をとらえている限り、内面からの強いパワーは湧き上がってきません。しかも人生が折り返し地点ともなれば、悩んでいる時間ももったいない。

だから私は「3歩進んで、ふんばる」を座右の銘とし、小さな成功体験を積み重ねています。

「今日は通勤時に『やせる3拍子ウォーク』ができた」。そんなレベルからで十分。そして寝る前に「できた！」と自分を認めてあげる。それを1週間もくり返せば、体が変わり、心もつられてパワーアップしてきます。

で鍛えられる筋肉のしくみ

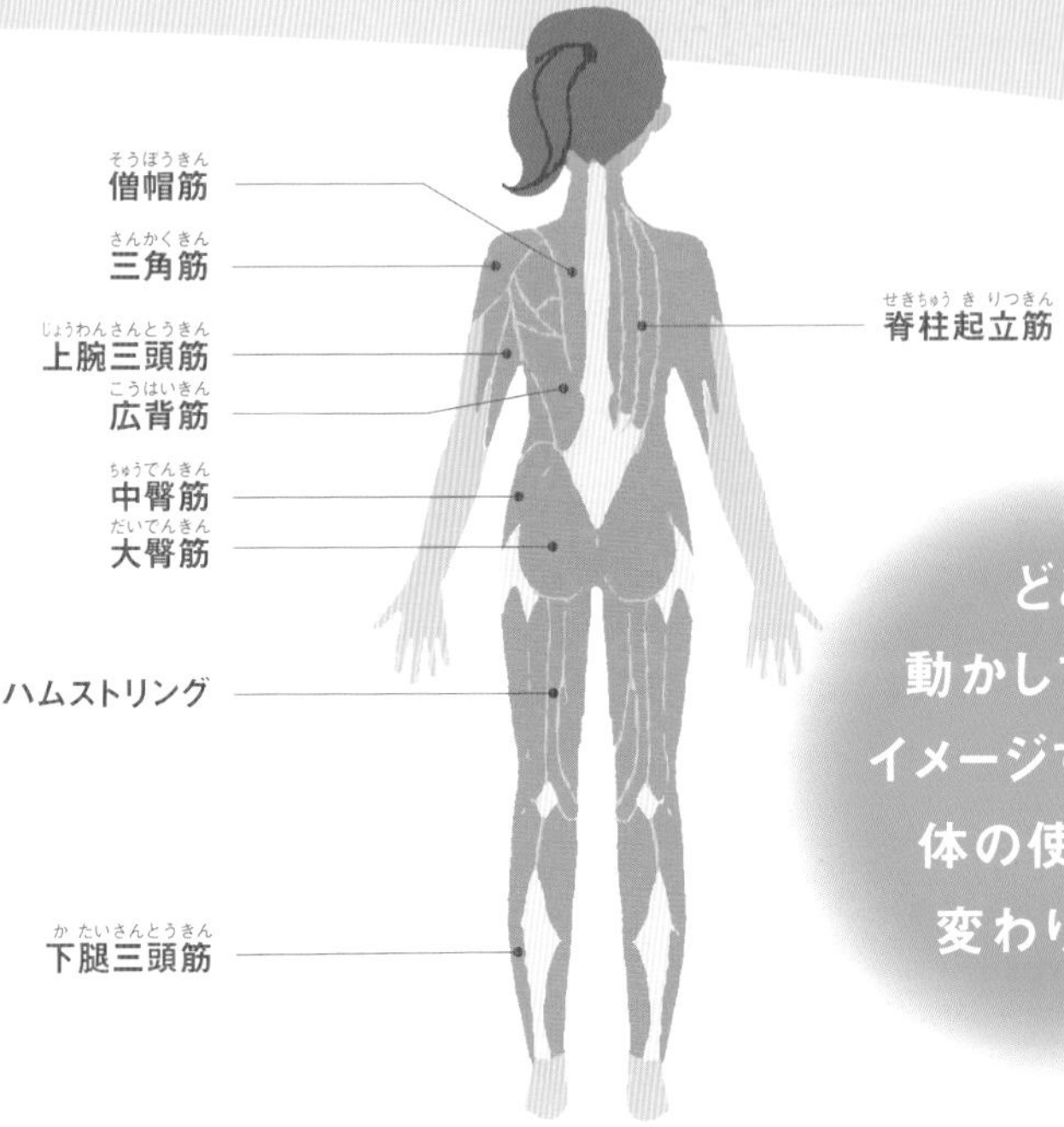

どこを
動かしているか
イメージするだけで
体の使い方が
変わりますよ

私たちは普段、上の図にあるようにいろいろな筋肉を使いながら歩いています。これらの筋肉の機能が低下すると、体に不調が起こりやすくなります。

一方、これらの筋肉を鍛える筋トレ効果とストレッチ効果など4大効果（P5）が期待できるのが「やせる3拍子ウォーク」。どのような動き（エクササイズ）をすれば、どんな筋肉に働きかけられるのでしょうか。

「3歩目だけ歩幅を広げる（手の人さし指1本分）」（P38）↓大臀筋《だいでんきん》、中臀筋《ちゅうでんきん》、ハムストリング、大腿四《だいたいし》頭筋《とうきん》、内転筋《ないてんきん》、下腿三頭筋《かたいさんとうきん》、前脛骨筋《ぜんけいこつきん》

「腕を真うしろに引く」（P40）↓広背筋《こうはいきん》、三角筋《さんかくきん》、上腕三頭筋《じょうわんさんとうきん》

「1本線上を歩く」（P42）↓内転筋《ないてんきん》、中臀筋《ちゅうでんきん》

「タン・タン・シャキーン♪」（P45）↓大胸筋《だいきょうきん》、僧《そう》帽筋《ぼうきん》

【図解】「やせる3拍子ウォーク」

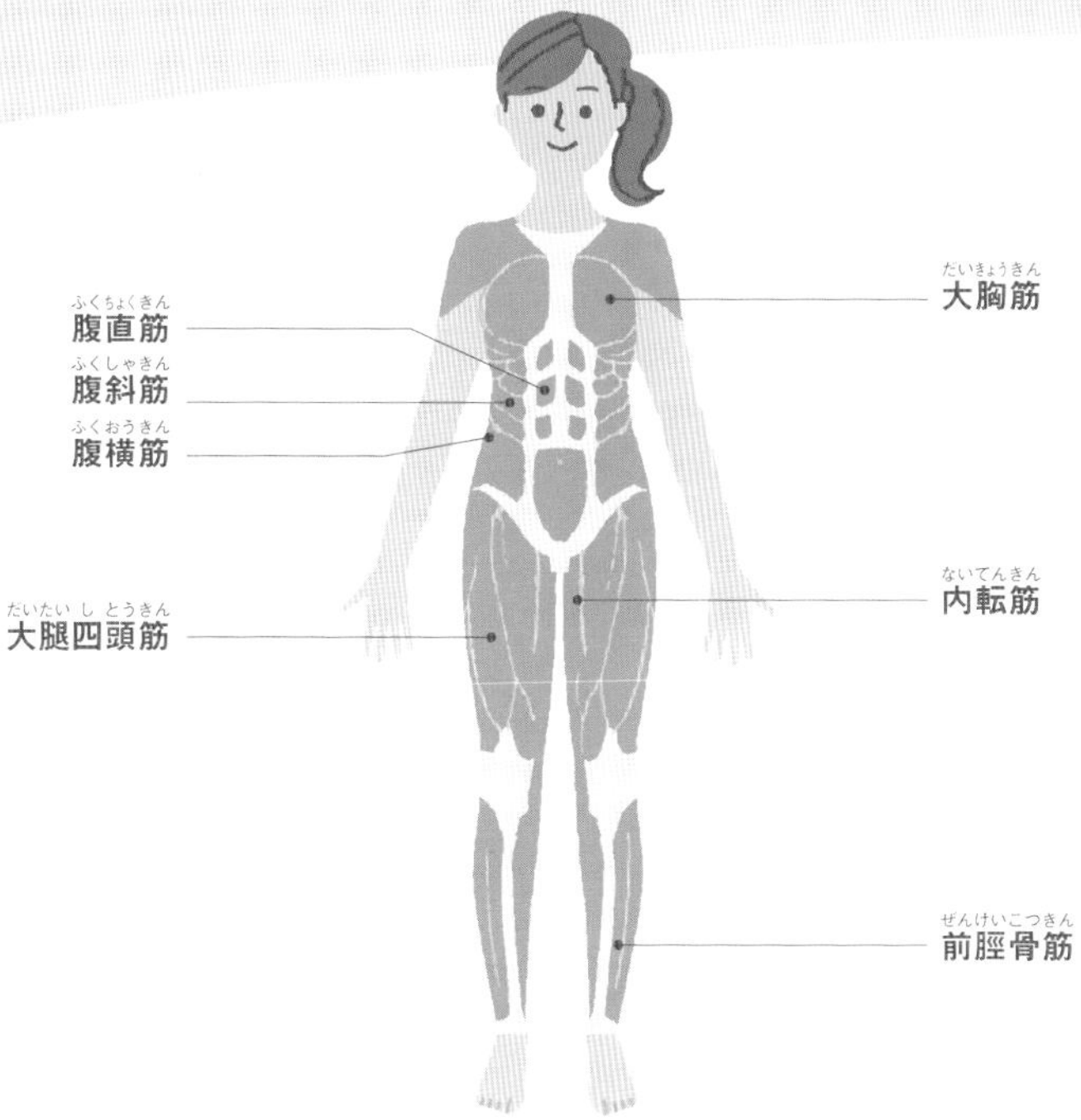

「タン・タン・パンチ♪」（P46）、「3歩目だけ『下腹パンチ』」（P68）→腹直筋《ふくちょくきん》、腹斜筋《ふくしゃきん》、腹横筋《ふくおうきん》（これらを合わせて「腹筋」）

「クロスウォーク♪」（P47～48）→内転筋《ないてんきん》、中臀筋《ちゅうでんきん》

「〝ひじビーム〟で肩甲骨《けんこうこつ》ほぐし」（P60）→僧帽筋《そうぼうきん》、大胸筋《だいきょうきん》、三角筋《さんかくきん》（肩甲骨まわりに効く）

「〝へそビーム〟で中臀筋《ちゅうでんきん》のばし」（P61）→中臀筋《ちゅうでんきん》

「『お尻の下は熱い鉄板だと思え！』お尻上げ」（P63）→大臀筋《だいでんきん》、中臀筋《ちゅうでんきん》、ハムストリング、脊柱起立筋《せきちゅうきりつきん》

「3歩目だけ『胸を張る』」（P66）→大胸筋《だいきょうきん》、僧帽筋《そうぼうきん》

「お尻から歩くことをイメージする」→大臀筋《だいでんきん》、中臀《ちゅうでん》筋《きん》、ハムストリング、大腿四頭筋《だいたいしとうきん》、内転筋《ないてんきん》、下腿三《かたいさん》頭筋《とうきん》、前脛骨筋《ぜんけいこつきん》

O脚でも お尻が１個分 上がった女性たち

三穂かおるさん（36）

私は管理栄養士ですから、食についてはとことん詳しい。だから健康管理には自信もあったし、「運動しなくても食事だけでやせられる」と信じていました。でも、それは完全な誤解でした。

食からのアプローチはさっさとあきらめ、マユウ先生の歩き方に変えたところ、体重は４kg減。さらにO脚も改善。そのうえお尻がまるまる１個分、ヒップアップ！　もちろん、食事制限はしていません。お尻も私に似て“上昇志向”が強かったのでしょう。つられて猫背も寸胴型の体型も一気に解消したから本当に不思議です。

深尾衣咲子さん（31）

昔はうつむき加減にペタペタ、ちょこちょこと小股で歩いていた私。おまけにひどいO脚で、長年コンプレックスに悩まされてきました。「遺伝だから」とあきらめていたのです。

それがマユウ先生の歩き方に変えただけで、両脚のスキマがなくなりO脚の悩みが解消。さらに、お尻の位置が１個分、上がったのです。「３歩目だけ歩幅を広げる」「腕を真うしろに引く」「１本線上を歩く」の３原則を守ったからでしょうか。変化を実感したときはミニスカートを堂々と穿《は》けるうれしさで飛び上がってしまいました。

移動中にできる

「やせる3拍子ウォーク」3つの基本

基本１

３歩目だけ歩幅を広げる（手の人さし指１本分）

基本２

腕を真うしろに引く

基本３

１本線上を歩く

まずは移動中に、１日30分、行ってみてください。通勤通学中10分、ランチタイム10分、帰宅時10分行ってみましょう。慣れてきたら、基本１を１分行い、１分普通に歩く（計２分）。次に、基本２を１分行い、１分普通に歩く（計２分）。最後に、基本３を１分行い、１分普通に歩く（計２分）。１セット６分を２セット（計12分）、１日３回行うと効果的。仕事中は腕をのばしてOK。歩行スピードも自然と上がります。さらに慣れてきたら時間やセット数を増やしてみましょう。ややきついと感じるくらいの運動強度がおすすめです。

移動中にできる「やせる3拍子ウォーク」3つの基本

1

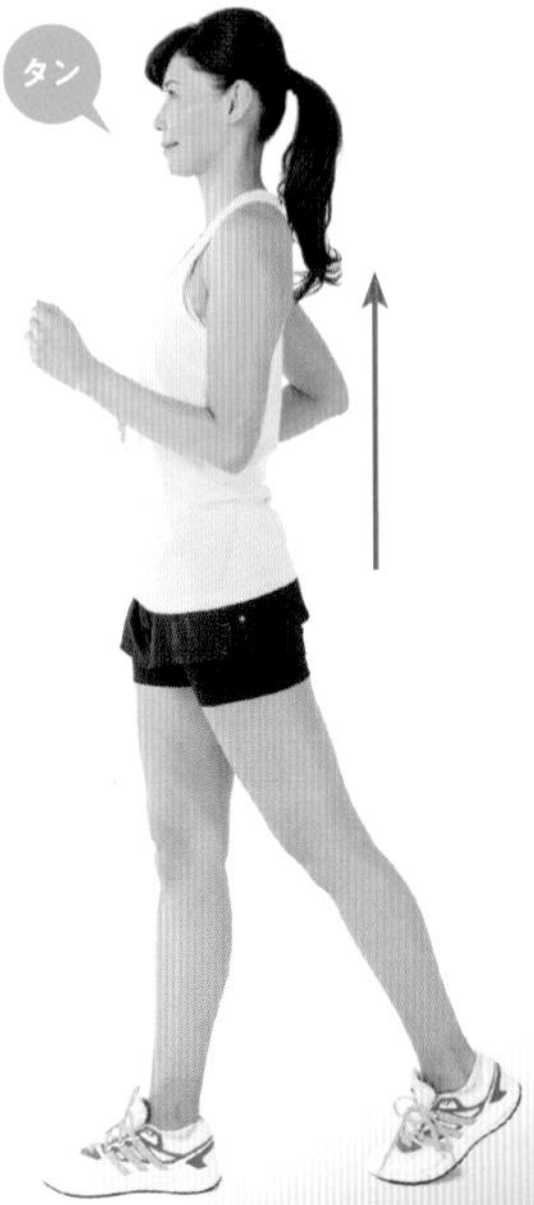

1 歩目

腕を90度にして、「タン」と右足を踏みだす。このとき体幹を上に持っていくイメージで（体の重心＝みぞおちあたりをイメージ）

2 歩目

「タン」と左足を踏みだす（運動効果が高いのは腕を90度にしてだが、仕事中などでは腕をのばしたままでもOK）

「3歩目の歩幅だけ手の人さし指1本分（約8㎝）広げる」。これが「やせる3拍子ウォーク」の肝です。

ただ、「3歩のうち、一歩だけ広げればいい」とはいえ、ちょっと負担に感じるかもしれません。

歩幅をラクラク広げるには、足を前に出そうとするのではなく、**腕を真うしろ**に振ってみましょう（P40）。そして、**うしろ足で地面をギュッ**と蹴る。すると自然と歩幅が広がります。

3拍子のリズムに体を乗せれば、ワクワクしてきます。まずは3歩目だけ、歩幅を広げる。これがすべてのスタート。動画を見ながらやってみましょう。

3歩目だけ歩幅を広げる（手の人さし指1本分）

ターン
通勤通学・買い物中にできる!
手の人さし指1本分だけ
通常より8cm歩幅を広げる

3 歩目

通常より手の人さし指１本分だけ、右足の歩幅を広げ「ターン」とのばす
※着地は必ず「かかと」から（以下すべて同じです）
※左右反対にして、くり返す

動画は
コチラ

移動中にできる
「やせる3拍子ウォーク」3つの基本

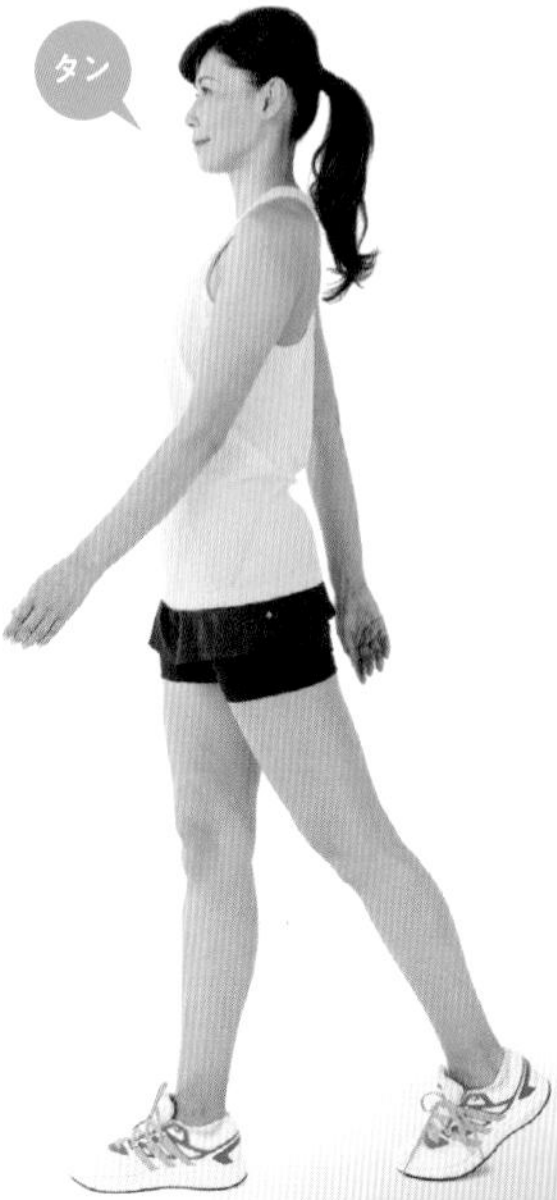

1 歩目

「タン」と右足を踏みだす

2 歩目

「タン」と左足を踏みだす

2

「やせる3拍子ウォーク」のポイントは**「腕」**。「ウォーキング＝下半身を鍛える運動」というイメージが強いかもしれませんが、腕を中心とした上半身にも仕事をしてもらうからこそ効率的にやせられます。

腕は、「横」でもなく「前」でもなく**「真うしろ」**に大きく振ったときだけメリットがあります。なぜなら、背中の肩甲骨あたりにある「褐色《かっしょく》脂肪《しぼう》細胞《さいぼう》」に刺激が伝わり、「体を燃焼させなさい」という信号が発信されるから。それが結果的に、「全身やせ」へとつながります。もちろん二の腕もスリムになります。

腕を真うしろに引く

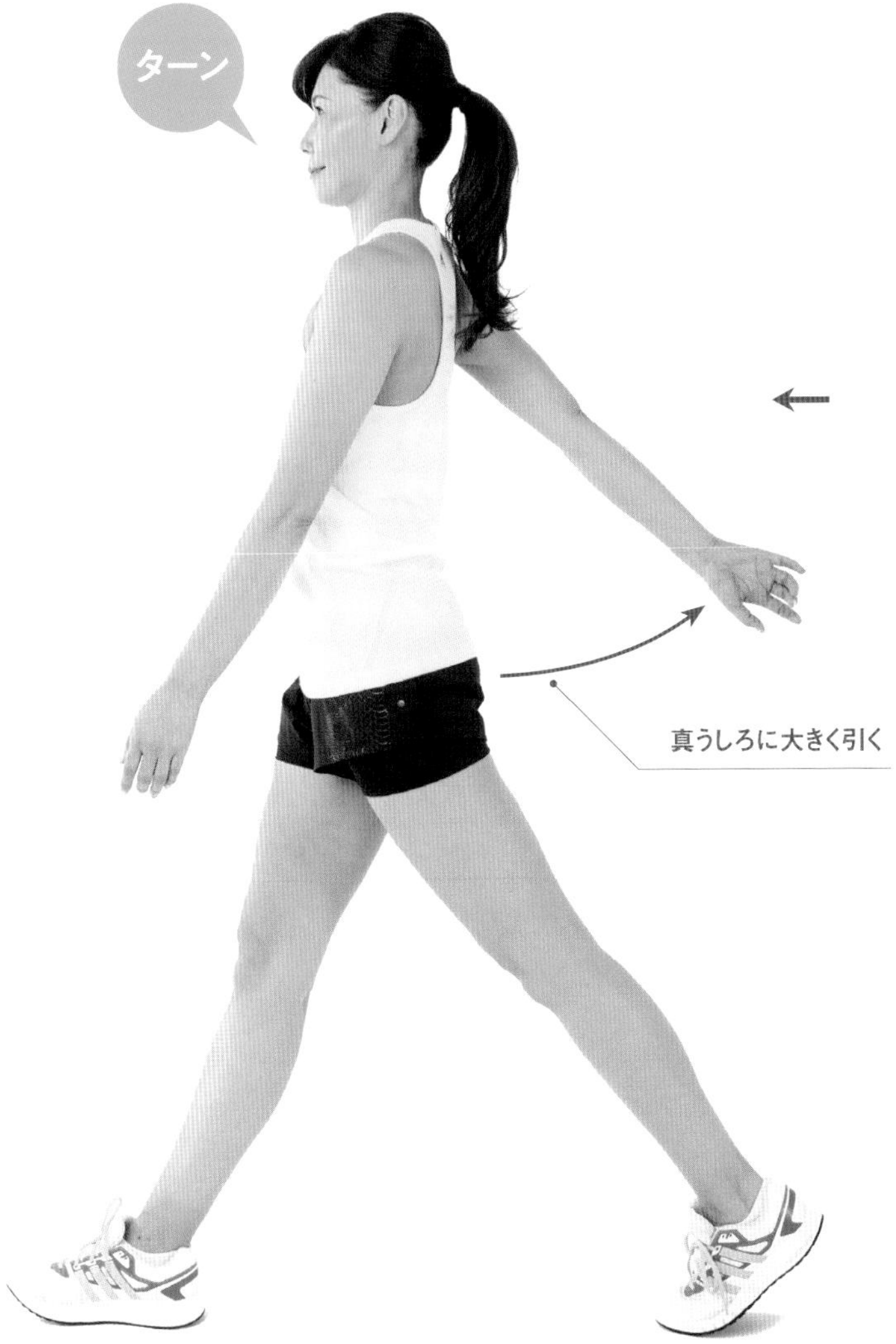

3 歩目

通常より手の人さし指１本分だけ、右足の歩幅を広げ「ターン」とのばす。このとき腕を真うしろに引く
※左右反対にして、くり返す

動画は
コチラ

移動中にできる
「やせる3拍子ウォーク」3つの基本

1 歩目

「タン」と右足を踏みだす

2 歩目

「タン」と左足を踏みだす

3

「目の前に、まっすぐな5cm幅の1本線がある」と意識し、3歩目だけ、その線上を外股ぎみに歩きます。すると、内股で歩くときより、お尻の穴が締まりやすくなります（ただし「完全なガニ股」はNG）。3歩目に着地するとき、ひざはのばしたまま、かかとから着地します。

　スーツ着の男性の場合は、「より太い1本線」をイメージしてください。歩隔《ほかく》（両足の間の横幅）を5cm幅で着地すると、最もカッコよく見えます（歩隔が広ければ広いほど、〝おじさん〟っぽくなるので注意）。

1本線上を歩く

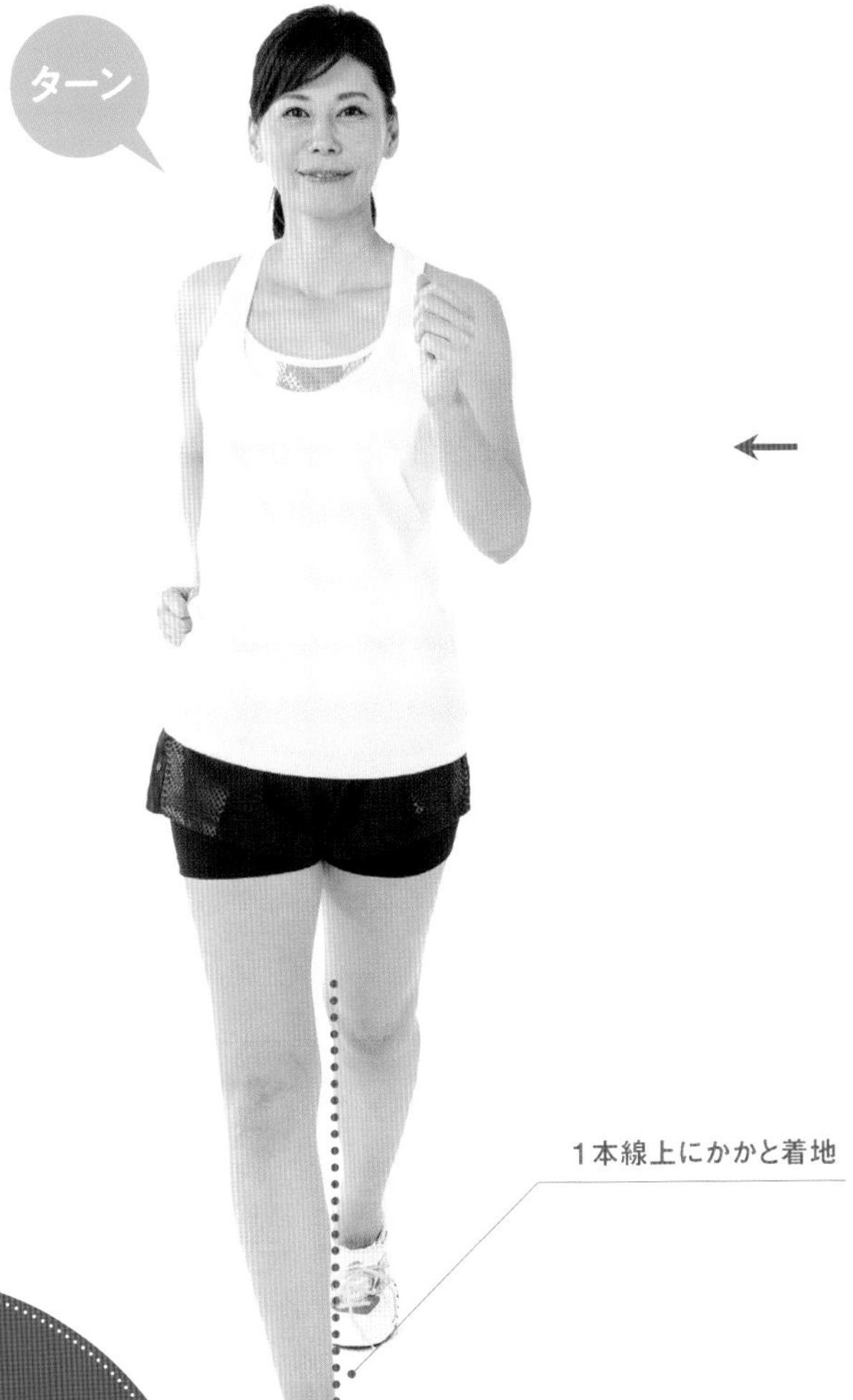

動画は
コチラ

**移動中に
この３つの基本をやれば、
徐々にやせていきます。
次からはその効果をさらに高める
「やせる３拍子ウォーク」を
紹介します。
随所に動画もあるので楽しんで
みてください**

3 歩目

通常より手の人さし指１本分だけ、右足の歩幅を広げ「ターン」とのばす。１本線上にかかとを着地させると体幹が鍛えられる
※左右反対にして、くり返す

気持ちも天まで上がる
やせ効果絶大！　3歩目だけアップ♪

タン・タン・アップ♪

1 歩目

腕を曲げ、脇を締めて固定し、右足を踏みだす

2 歩目

そのまま左足を踏みだす

3 歩目

右足を踏みだしながら両腕を上げる

腕を動かすだけで、運動量を倍増できるのが、３歩目だけ「アップ♪シャキーン♪パンチ♪」。１つ目は、３歩目だけ腕を上げる「タン・タン・アップ♪」。重力に抗《あらが》うつもりで、「体重、全部、空へ飛んでいけ」と腕を上げてください。その際、体幹が気持ちよくのびることを楽しんで！　１セット10回（30秒）

子どもから大人まで大人気
やせ効果絶大！　3歩目だけシャキーン♪

タン・タン・シャキーン♪

1 歩目

両腕をデコルテの前で固定し、右足を踏みだす

2 歩目

そのまま左足を踏みだす

3 歩目

右足を踏みだしながら両腕を開き、肩甲骨どうしを近づける

2つ目は、猫背・肩コリに効く「タン・タン・シャキーン♪」。胸元が気持ちよく開くのを感じてください。1セット10回（30秒）

腹筋は続かないけどこれなら続く
やせ効果絶大！ 3歩目だけパンチ♪

タン・タン・パンチ♪

1 歩目

腕を90度に曲げ固定し、右足を踏みだす

2 歩目

そのまま左足を踏みだす

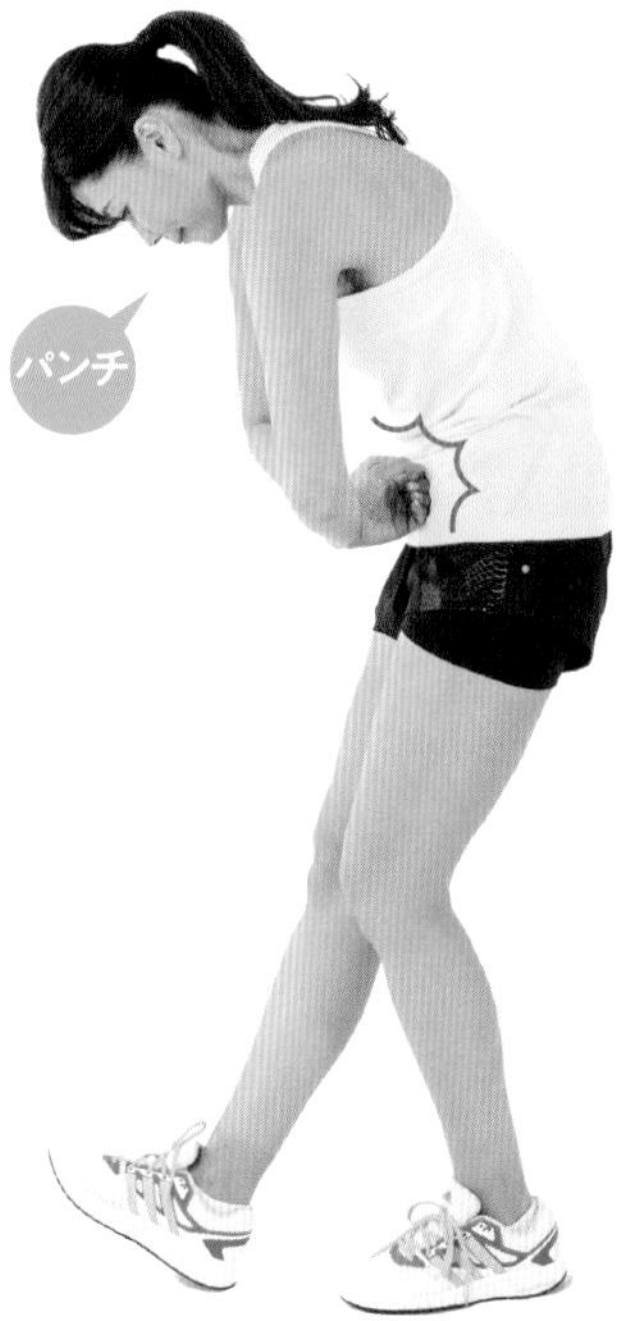

3 歩目

右足を踏みだしながら下腹にパンチ。同時にお腹を背中に近づける

３つ目は、腹筋に効く「タン・タン・パンチ♪」。お腹が凹むと思うと、信号待ちでもついパンチしてしまう受講生が続出。やみつきになったらごめんなさい。最後に、タン・タン・アップ♪（30秒）→普通に歩く（30秒）→タン・タン・シャキーン♪（30秒）→普通に歩く（30秒）→タン・タン・パンチ♪（30秒）→普通に歩く（30秒）を１セット（３分）やってみましょう。目安はややきついくらいがベスト。つらいと感じるときは無理せずに。余裕があるときは、２～３セット、くり返してみましょう

一瞬でみんな笑顔になる

骨盤安定×いい姿勢 × 小尻・ヒップアップ × 表情筋アップ効果
クロスウォーク♪①

クロス・クロス・キュッ♪

1歩目

右足をクロス、
腕は自由

2歩目

そのまま左足をクロス

3歩目

右足をクロスしながらお尻の穴をキュッと締める。同時に両手で下に空気を押す動作を行う

動画は
コチラ

「クロスウォーク♪」は２種類あります。

１つ目の「クロス・クロス・キュッ♪」は内転筋に働きかけ、骨盤を安定させ、いい姿勢がキープできます。足が１本線上に出やすくなるだけでなく、小尻・ヒップアップ効果もバツグン。笑顔でキュッとすると、表情筋もアップし、どんどん楽しくなります。

１セット10回（30秒）

便秘解消
ウエストくびれ × 消化・吸収・排泄効果
クロスウォーク♪②

クロス・クロス・ツイスト♪

1 歩目

腕を曲げ、脇を締めて
固定し、右足をクロス

2 歩目

そのまま左足をクロス

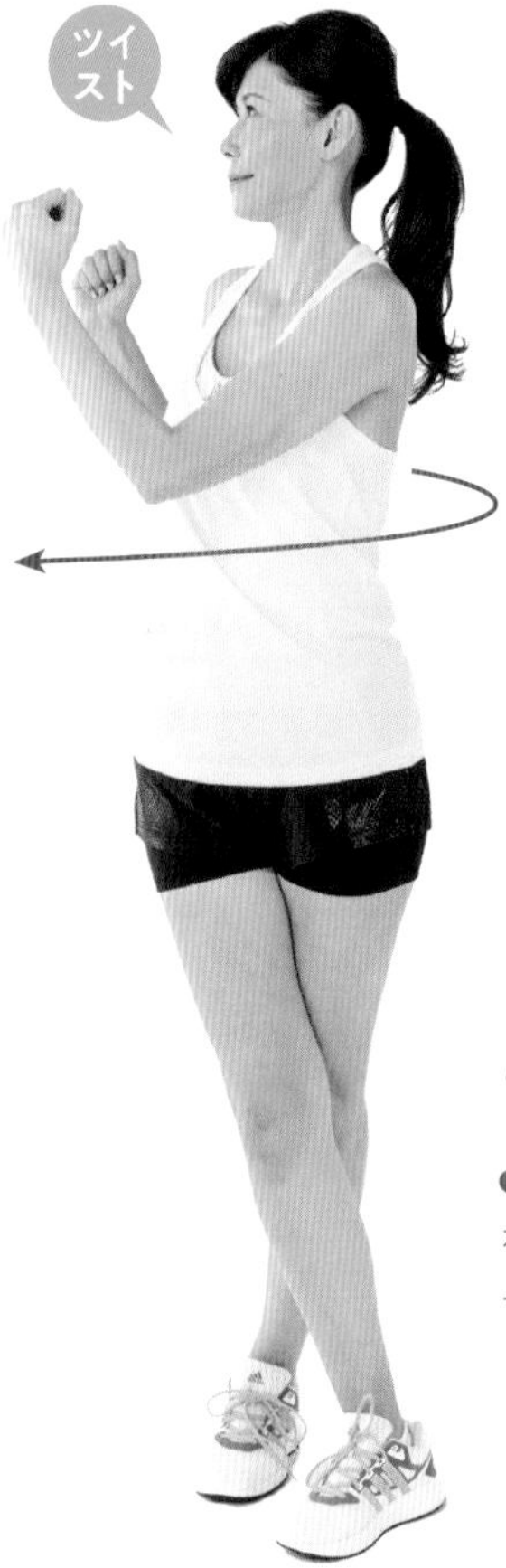

3 歩目

右足をクロスしながら、
上半身を右にひねる

ウエストにくびれがほしい方、必見！　しかも内臓も刺激するので、消化・吸収・排泄機能も一気にアップ。お通じがよくなり、下腹ぽっこりも解消！　1セット10回（30秒）

誰でもやせる!　キング・オブ・3拍子

下半身強化 × お尻に効く × 体幹トレーニング

ボウリングウォーク♪

1 歩目

右足を踏みだす

2 歩目

左足を踏みだす

3 歩目

右足を大きく踏みだしながら、上体は真下へ。同時にボウリングボールを投げる動作をする（スクワット効果）

受講生の誰もが口を揃える説得力抜群のドSな元祖3拍子。半年で12kgやせたパティシエの横川さん(P15)も、「本気でやせたいなら、自分を甘やかさないで！　しっかり真下にしゃがんで、ボウリングボールの行方を見守ってね！」と苦悶の表情で絶叫・絶賛。足先とひざの向きは正面で！　足先よりひざが前に出ないように。1セット10回（30秒）

いつもより早く会社に着き、新しい風景を見た人多数

ゲーム感覚で“横断歩道ダイエット”

ゼブラウォーク♪

「ゼブラウォーク♪」はとことん面白い。街中の横断歩道（ゼブラ）の「白い部分」を歩いていくだけで歩幅が広がります。横断歩道があるルートを選んで通勤し、一日の歩く距離がのびた受講生も。とはいえ安全第一。車にはご注意を。ゼブラの白線に気をとられ、歩隔（両足の間の横幅）が開きすぎないよう、「1本線上を歩く」（P42）こともお忘れなく！

朝元気ハツラツ!　夜ぐっすり

テレビを見ながら「3秒・3拍子ウォーク♪」①

その場で

足踏み「タン・タン・アップ♪」

1 歩目

腕を曲げ、脇を締めて固定し、右足踏み

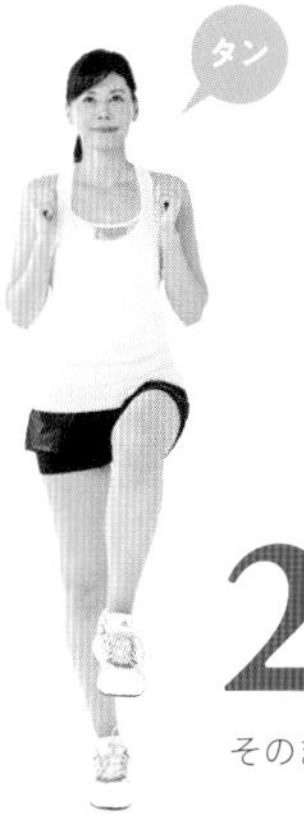

2 歩目

そのまま左足踏み

3 歩目

右足踏みしながら両腕を上げる

＼動画は／
コチラ

おうちでできる、テレビを見ながら「3秒・3拍子ウォーク♪」は全部で4種類あります。①～④を、それぞれ10回(30秒)ずつ足踏みを止めずにくり返します(合計2分)。これを3セット(6分)行ってみましょう。太ももから脚を持ち上げれば、足腰強化に。1つ目は、その場で足踏み「タン・タン・アップ♪」。体幹や体の外側を気持ちよくのばせます

楽しくスッキリ

テレビを見ながら「3秒・3拍子ウォーク♪」②

その場で

足踏み「タン・タン・シャキーン♪」

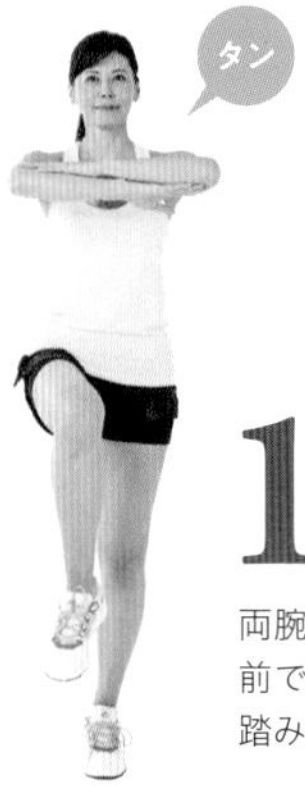

1 歩目

両腕をデコルテの前で固定し、右足踏み

2 歩目

そのまま左足踏み

3 歩目

右足踏みしながら両腕を開き、肩甲骨どうしを近づける

※動画はP51のQRコードから

2つ目は、猫背改善・肩コリに効く、その場で足踏み「タン・タン・シャキーン♪」。胸元が気持ちよく開くのを感じながら足踏みをしてください。1セット10回（30秒）

腹筋効果

テレビを見ながら「3秒・3拍子ウォーク♪」③

その場で

足踏み「タン・タン・パンチ♪」

タン
1 歩目
腕を90度に曲げ
固定し、右足踏み
タン
2 歩目
そのまま左足踏み
パンチ
3 歩目
右足踏みしながら下腹にパンチ。
同時にお腹を背中に近づける

※動画はP51のQRコードから

3つ目は、腹筋に効く、その場で足踏み「タン・タン・パンチ♪」。ポイントは3歩目のパンチが終わったら、すぐに姿勢を立て直すこと。1セット10回（30秒）。動画では、P51～53の3つのエクササイズを連続して行っていますが、これをやるだけで姿勢がキリッとしてきます

目指せ、くびれウエスト
テレビを見ながら「3秒・3拍子ウォーク♪」④

その場で

足踏み「タン・タン・ツイスト♪」

1 歩目

腕を曲げ、脇を
締めて固定し、
右足踏み

2 歩目

そのまま左足踏み

3 歩目

右足踏みしながら、
上半身を右にひねる

4つ目は、腹筋に効く、その場で足踏み「タン・タン・ツイスト♪」。ウエストにくびれがほしい人はがんばってください。しかも内臓を刺激するため、お通じがよくなり、下腹ぽっこりも解消。1セット10回（30秒）

※テレビを見ながら「3秒・3拍子ウォーク♪」は、①〜④をそれぞれ10回（30秒）ずつ足踏みを止めずにくり返す（合計2分）。これを3セット（6分）行うと効果的！

ここからは、リラックスや集中力アップなどさまざまな効果が得られる7つのストレッチと、ヒップアップや美脚効果がある筋トレを紹介しましょう。

まずは、「腕クルン・クルン・クルーン♪」と「腰コロン・コロン・コローン♪」から。

ストレッチは気持ちいいと感じることを優先、筋トレはややきついと感じる運動強度で行い、慣れてきたら2〜3セットと増やしてみてください。

肩コリ、猫背、腰痛の改善効果だけでなく、血液循環、柔軟性、睡眠の質がともにアップします。入浴後、リラックスウェアでやってみましょう。

肩コリ・猫背に効く
寝転びながらできる！　リラックス効果バツグンのストレッチ①

腕クルン・クルン・クルーン♪

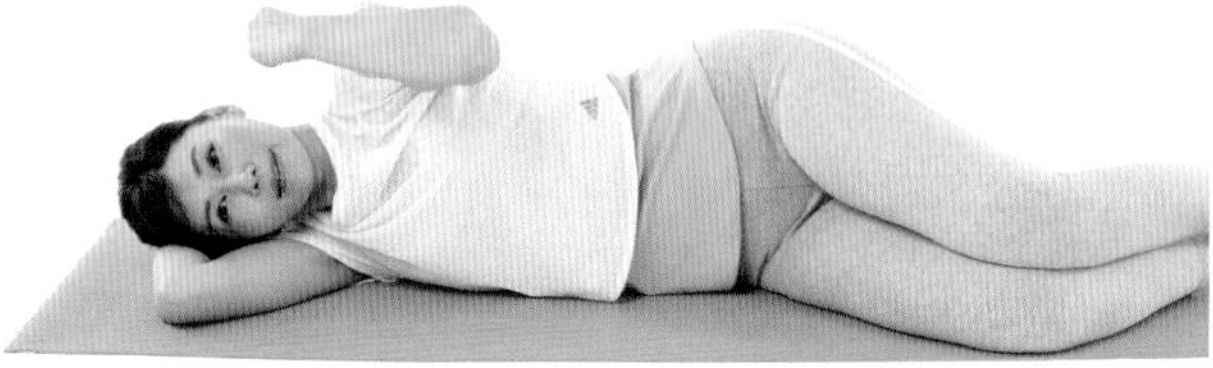

横向きに寝転び、上側の腕を曲げる。
下の腕は枕代わりに

↓

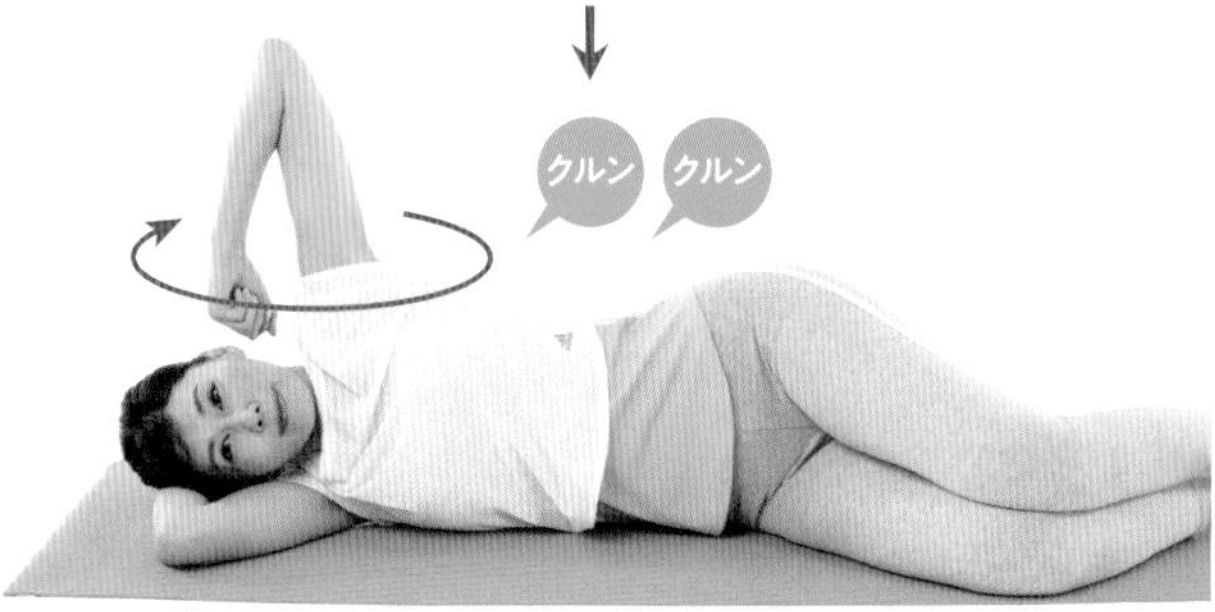

上側の腕をクルン・クルンとまわす

↓

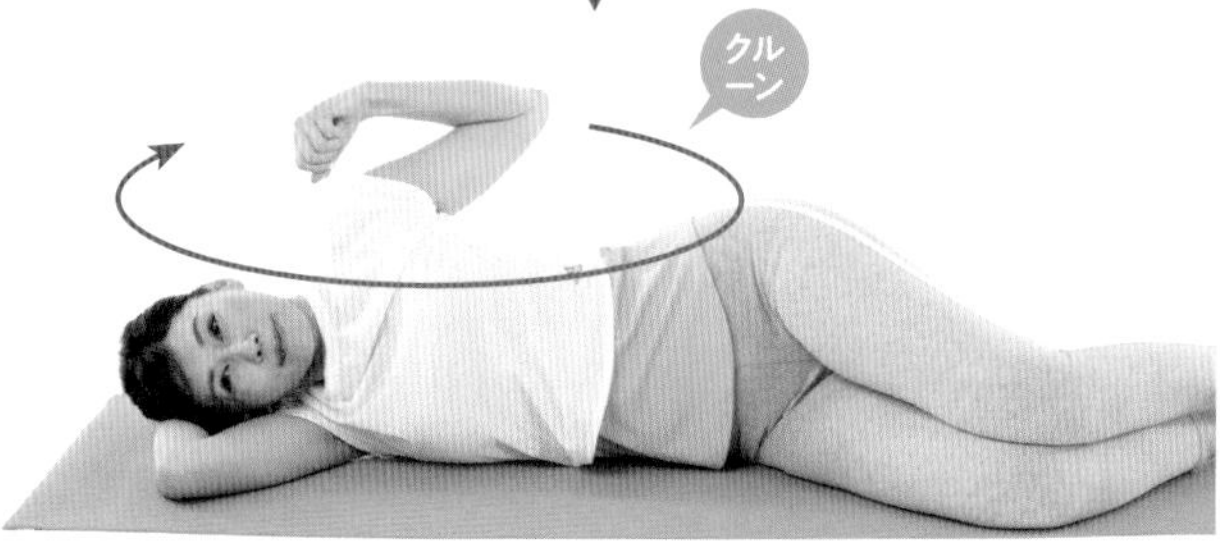

慣れてきたら、「ひじがより大きな弧」を
描くよう「クルーン」とまわす。肩甲骨
を意識して大きくまわす
※左右反対にして、くり返す
※前後左右１セット各５回（１分）

腰痛に効く
寝転びながらできる！ リラックス効果バツグンのストレッチ②

腰コロン・コロン・コローン♪

あお向けに寝転び、ひざを曲げた両脚を両腕でしっかり抱えて固定。腰の部分が床にしっかりつくようにする

↓

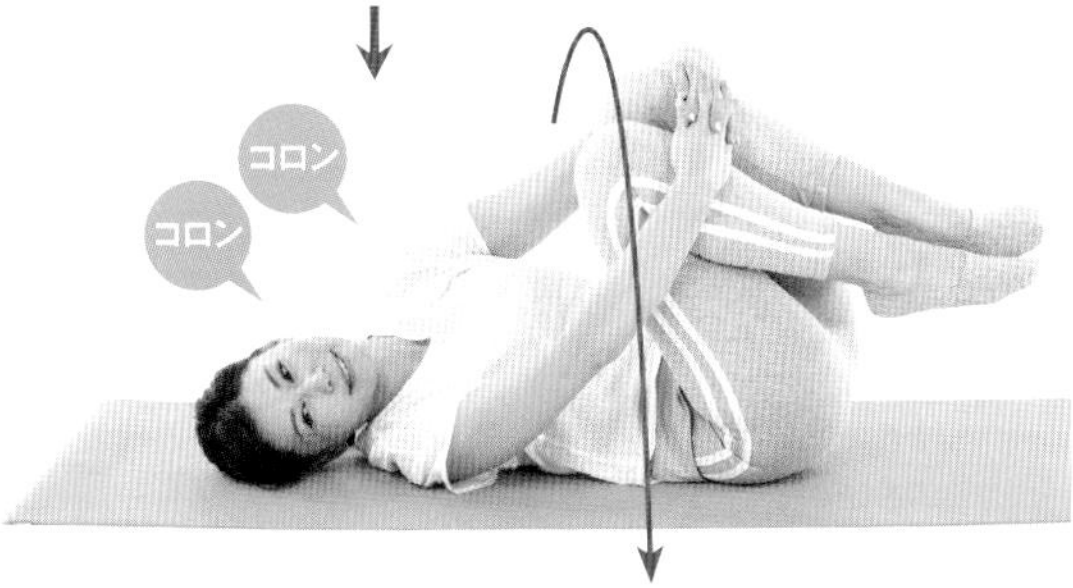

両脚を抱えた状態のまま、右側にコロン・コロンと重心を移す。腰が気持ちよくのびるようにする

↓

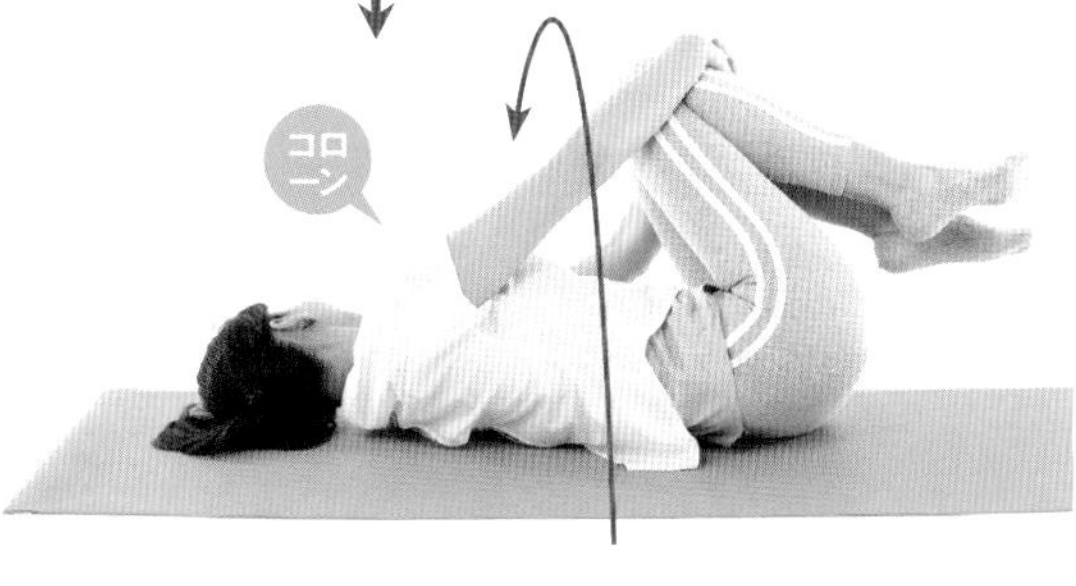

両脚を抱えたまま、左側に大きくコローンと重心を移す。
「力みすぎ腰」や「反り腰」にならないよう注意
※次は左側から始めて、くり返す
※1セット10回（30秒）

股関節がやわらかくなる
寝転びながらできる!　リラックス効果バツグンのストレッチ③

股関節クルン・クルン・クルーン♪

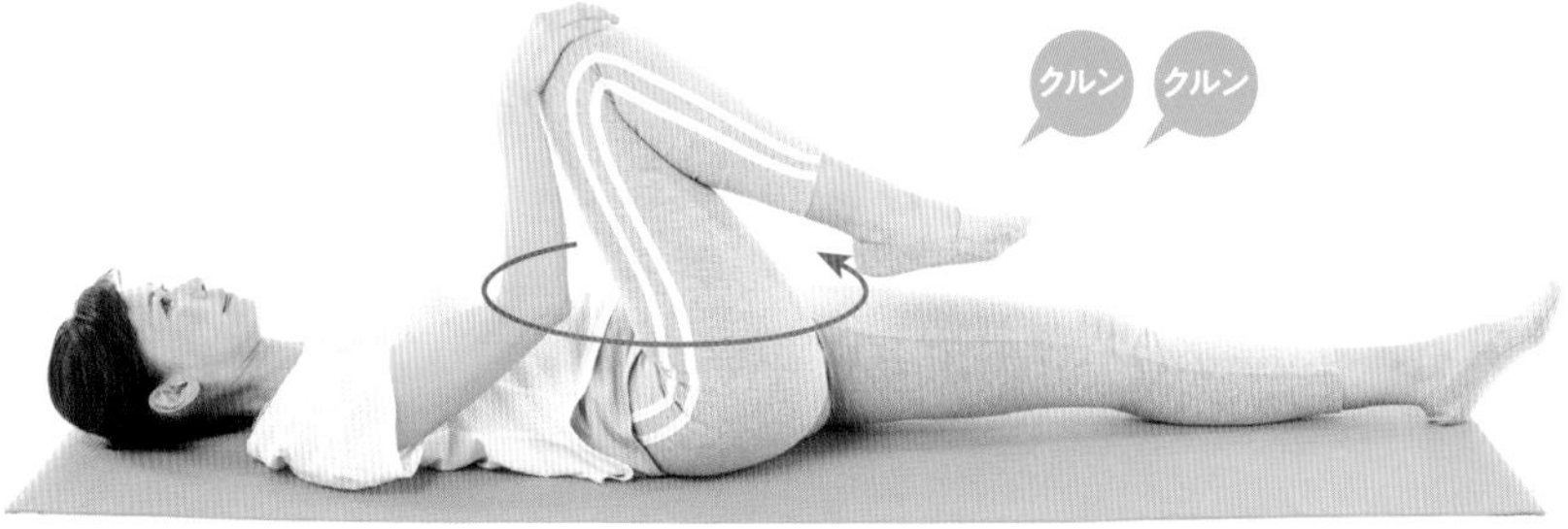

あお向けに寝転んだ姿勢で、右足のひざを曲げる。ひざ頭に右手を軽く添え、外まわりに大きく、「クルン・クルン」と２周まわす

↓

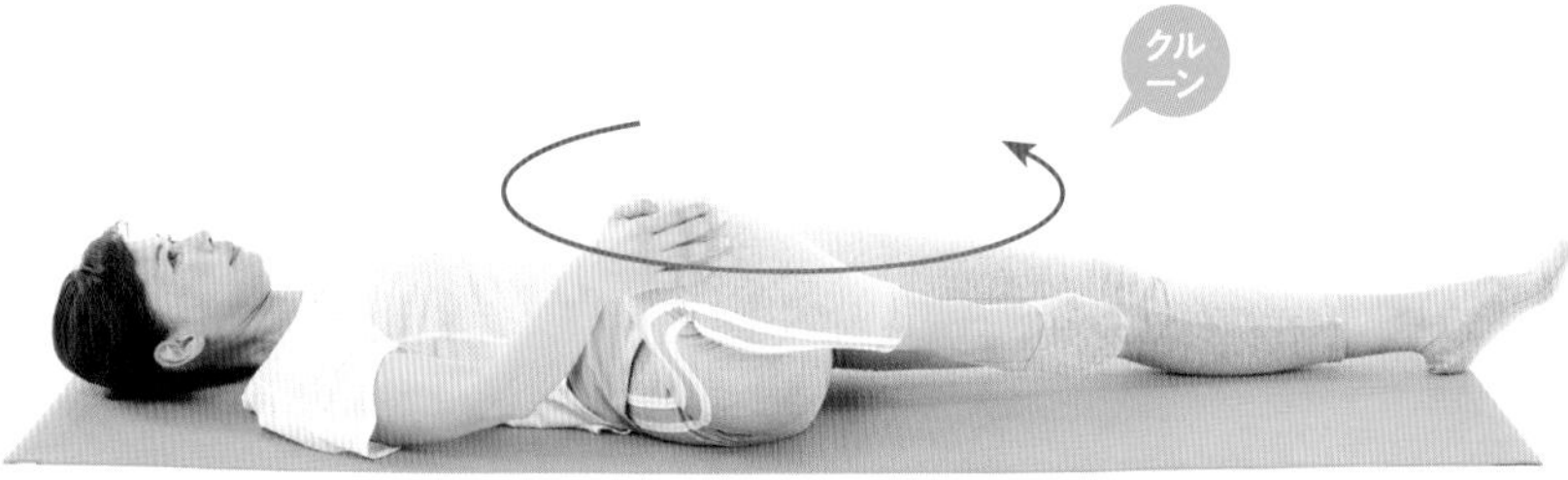

ひざ頭を外へ倒し、床のほうにできるだけ近づける。股関節が気持ちよくのびることを意識する。ひざを「クルーン」とゆっくりまわす
※左右反対にして、くり返す
※内外左右１セット各５回（１分）

股関節がやわらかい（＝可動域が広い）と、歩幅ものばしやすくなりますし、足首がやわらかいと、ケガ防止につながります。スムーズな着地になり、体への負担が大幅に減るのです。この２つの関節を毎晩入浴後にストレッチできれば最高です。疲れの元となる疲労物質を撃退しましょう

足首がやわらかくなる
寝転びながらできる!　リラックス効果バツグンのストレッチ④

足首ノバース・チヂメール♪

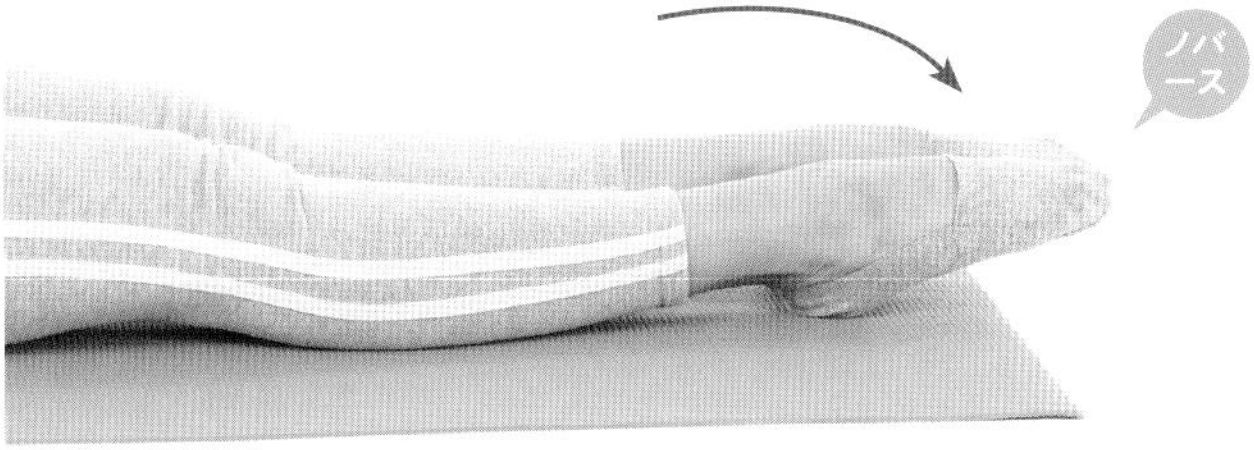

あお向けに寝転び、つま先を前にのばす。３秒キープ

↓

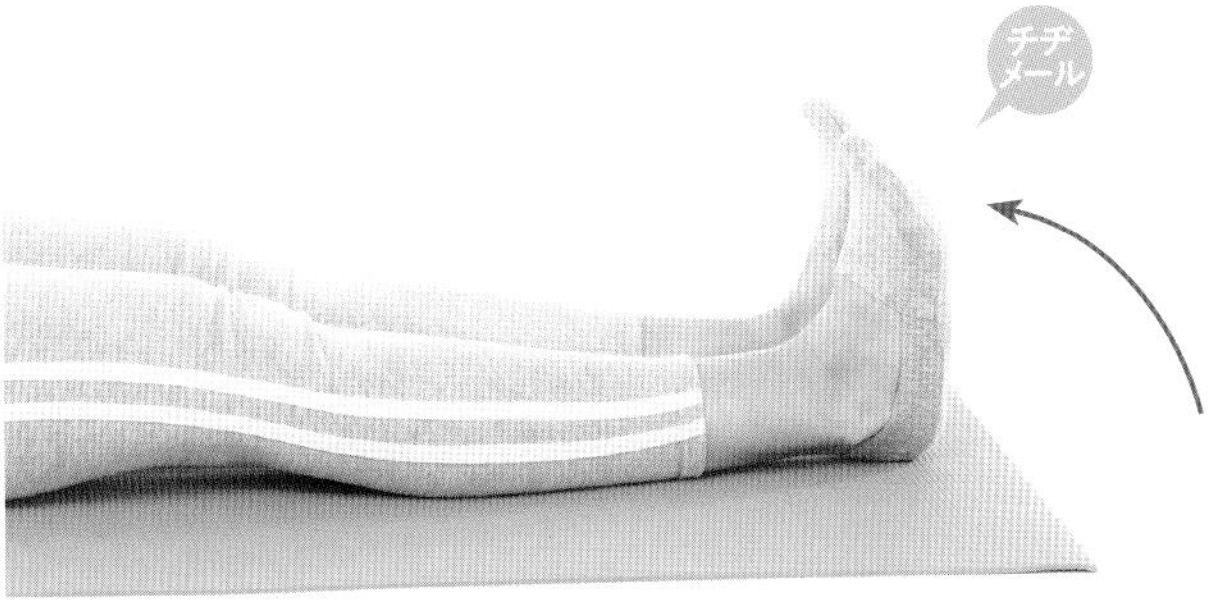

つま先を上に向ける。３秒キープ
※１セット5回（30秒）

スマホばかり見てしまうあなたへ
肩コリ・猫背・巻き肩の解消 × 姿勢アップ効果

“ひじビーム”で肩甲骨《けんこうこつ》ほぐし

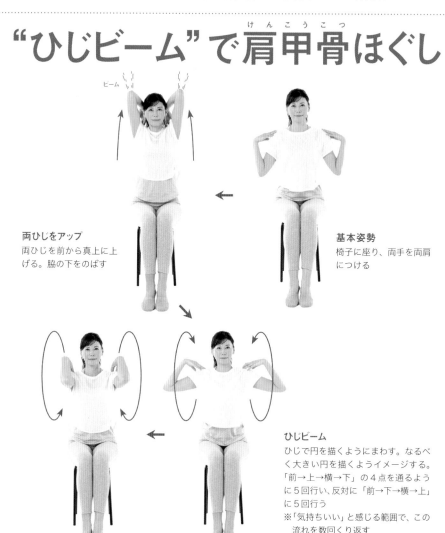

基本姿勢
椅子に座り、両手を両肩につける

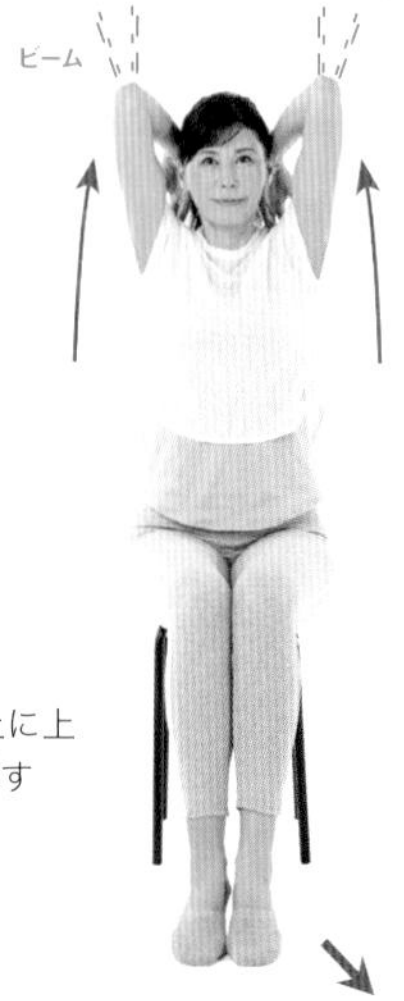

両ひじをアップ
両ひじを前から真上に上げる。脇の下をのばす

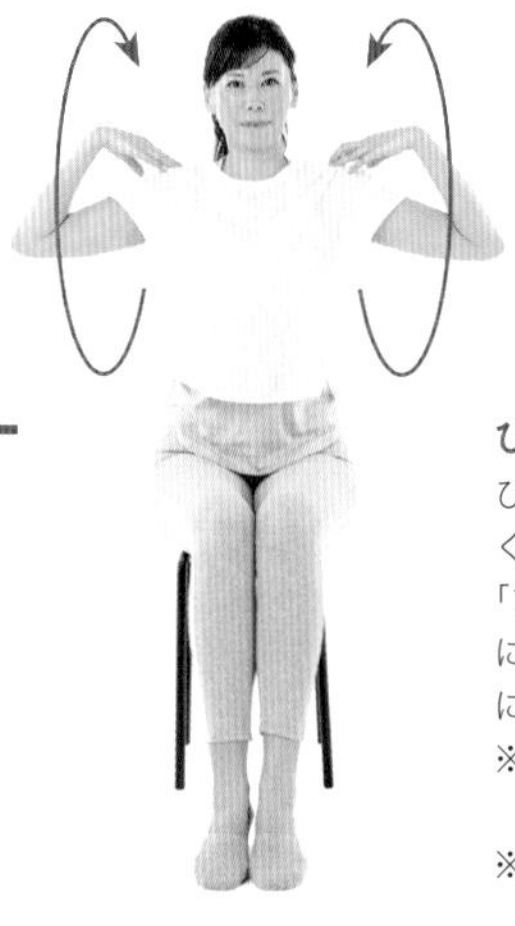

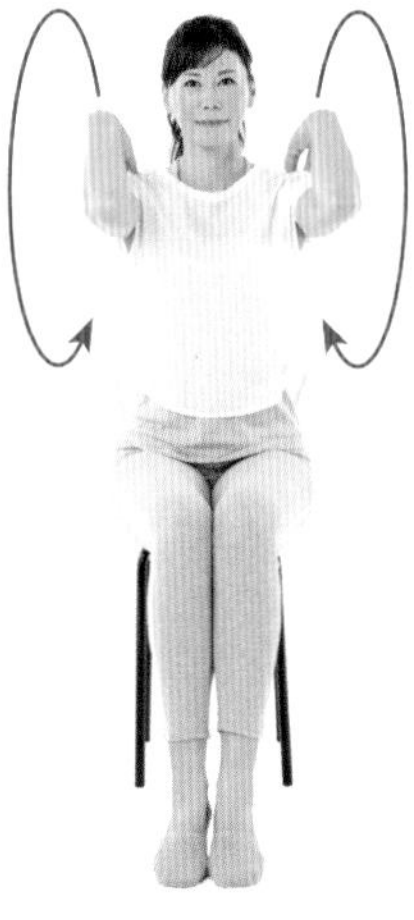

ひじビーム
ひじで円を描くようにまわす。なるべく大きい円を描くようイメージする。「前→上→横→下」の４点を通るように５回行い、反対に「前→下→横→上」に５回行う
※「気持ちいい」と感じる範囲で、この流れを数回くり返す
※前後１セット各５回（30秒）

スキマ時間にこまめにやると効果的。スマホの見すぎで前に出た頭が理想の定位置に戻ります。丸まった背中も、コチンコチンの大胸筋もスッキリリセット。「やせる３拍子ウォーク」の姿勢がグーンと美しくなります。肩コリ・猫背・巻き肩の改善に効果的です

お尻の筋肉に効く
歩行時横ゆれ防止 × 歩幅アップ効果

“へそビーム”で中臀筋《ちゅうでんきん》のばし

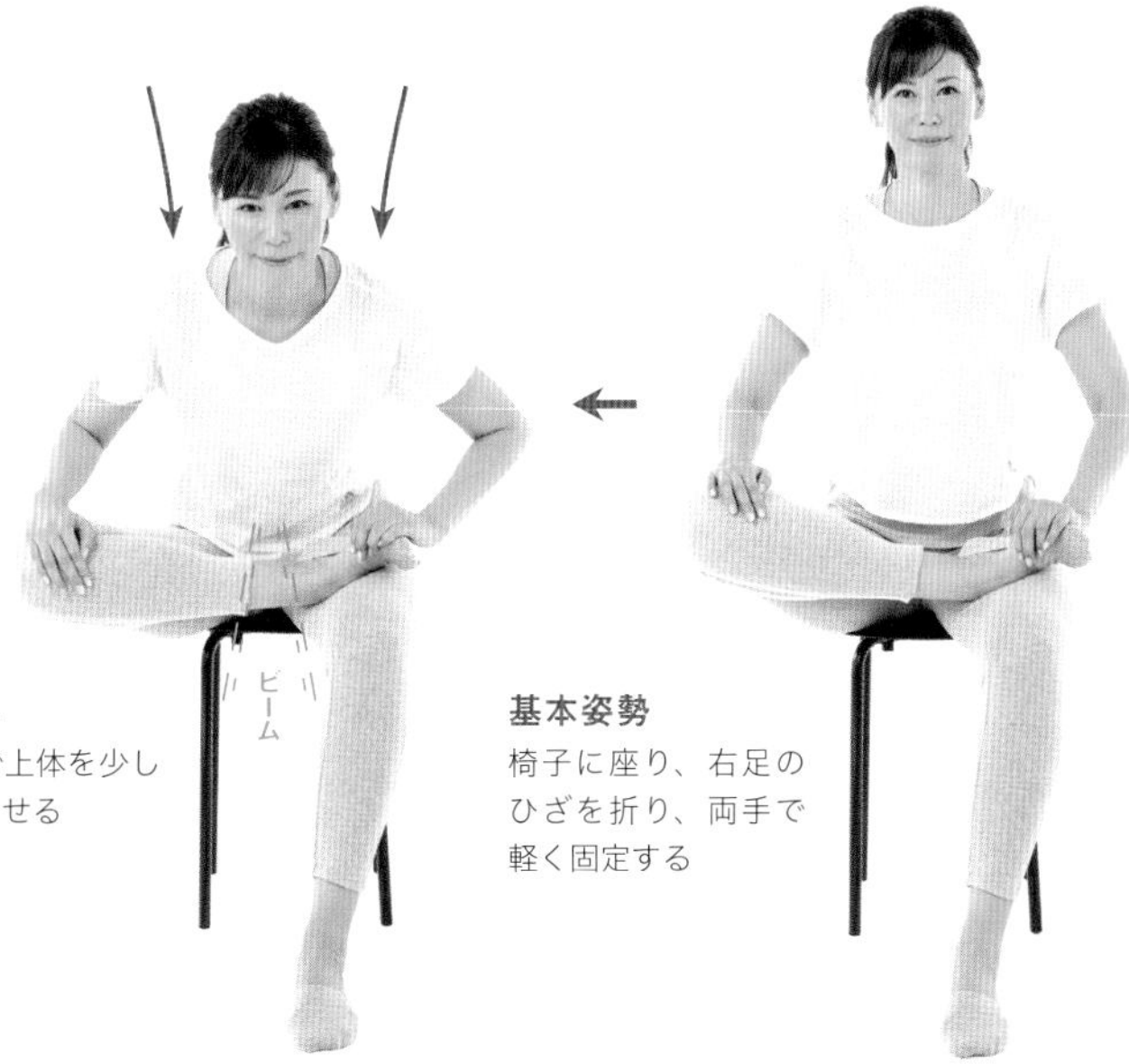

へそビーム
下の要領で上体を少しずつ前傾させる

基本姿勢
椅子に座り、右足のひざを折り、両手で軽く固定する

❶ 右足を左のもも上に置き左手で押しながら、３秒間、上体を前傾させる（右手は右のひざの上）

❷ ①のまま「おへそからビームが出ているイメージ」で３秒キープ

❸ ①②を、呼吸を止めずに５回くり返す

※左右１セット各５回（１分）

中臀筋とは、お尻の筋肉。若々しく歩幅を広げて歩くときに欠かせません。ここをしなやかに保つと、歩行時の横ゆれ防止や歩幅アップが実現。「お尻の筋肉がのびている」イメージを忘れずに。ポイントはおへそを「前」に向け、その姿勢を保つこと。上体を前傾させすぎると、おへそが「下向き」になるので注意。姿勢を静止するときは「へそビーム！」「お尻！」を強く意識。入浴後やウォーキング後がおすすめ

ちょっとつらいが気持ちいい
内転筋しなやか × 美脚ライン効果

“ひざビーム”で内転筋《ないてんきん》のばし

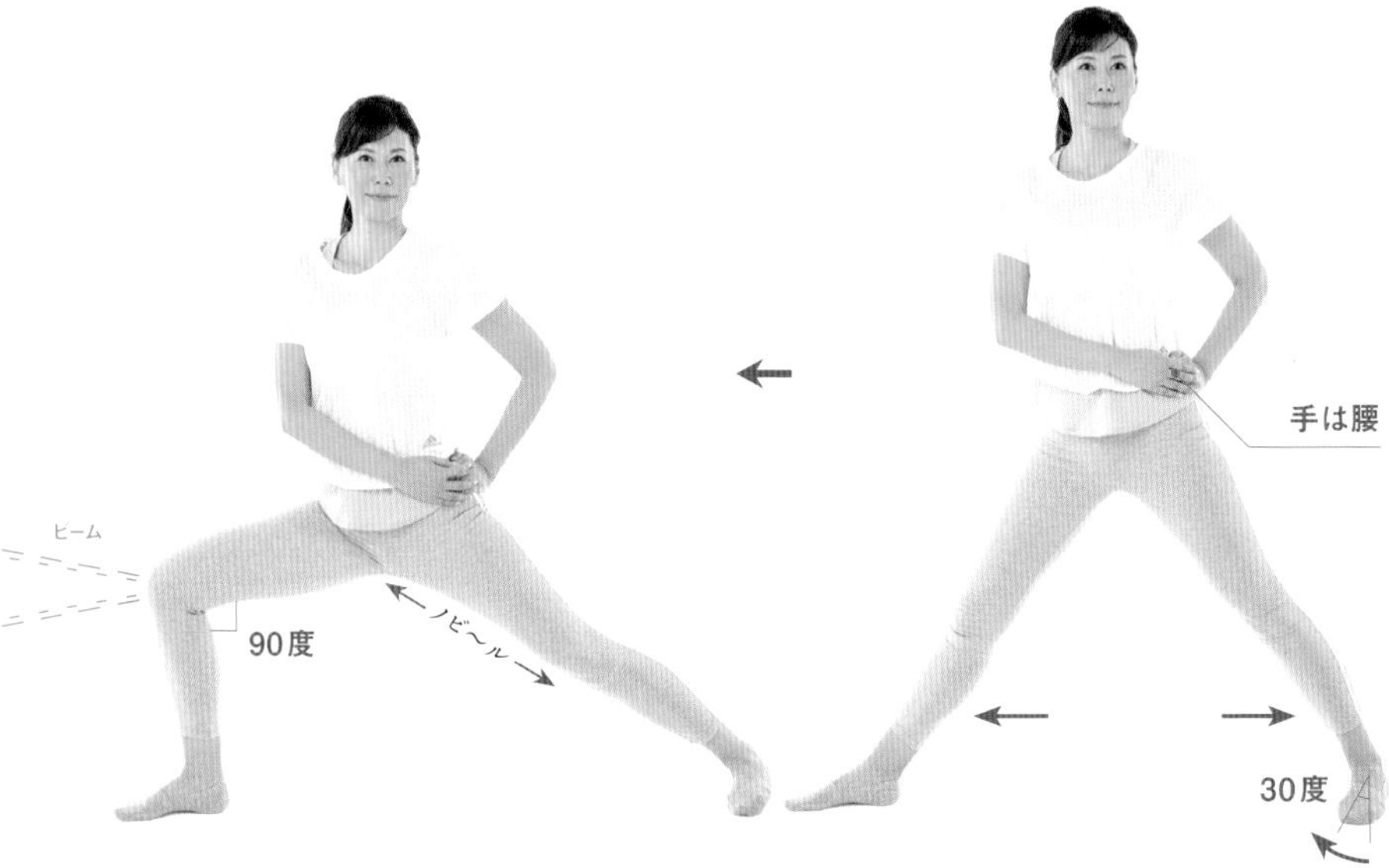

ひざビーム
ひざの角度が90度になるまで腰を落とし、30秒キープ
※左右反対にして、くり返す
※左右1セット各30秒（1分）

基本姿勢
両足を広げる。右足は真横、左足は内側30度に出す

“ひじビーム”“へそビーム”に続くのが“ひざビーム”。太ももの内側にある内転筋のストレッチです。骨盤を安定させ姿勢を正したり、歩幅を広げる際や1本線上を歩く際に大活躍してくれるのが内転筋。でも、内転筋はこちらが意識しないと、なかなか働いてくれません。ところが、これなら効果バツグン。さらに、股関節や体の側面をのばす効果も。おまけに美脚ラインづくりにも貢献してくれます

マイナス5歳のうしろ姿をゲット
ヒップアップ×美脚 × ハムストリング強化効果

「お尻の下は熱い鉄板だと思え!」お尻上げ

基本姿勢

あお向けに寝転び、左右の足は腰幅、ひざを90度に曲げ、足裏と手の平は床にぺたりとつける

↓

お尻を浮かせる

床（マット）を熱い鉄板だとイメージしてお尻を浮かせる。腰、お尻、太ももまでが斜め一直線になる意識で。腹筋ではなく、お尻とハムストリングに力を入れる

↓

お尻の穴をキュッと締める

アーチを描く気持ちで、さらにお尻を持ち上げ、マットギリギリまでおろすをくり返す。10回目はお尻の穴をキュッと締めて、高い位置で10秒キープ

※1セット10回（30秒）を3セット。インターバルは30秒以内

余力がある日は、このエクササイズをやってからこれまでの7つのストレッチをやってみてください。腹筋に効くエクササイズと思われがちですが、むしろうしろ姿が強烈に鍛えられます。その他にも、ヒップアップ、美脚、ハムストリング強化による「足の振り出し力アップ」など効果は数えきれません。「床（マット）はアツアツの鉄板！」と思ってゲーム感覚で楽しみましょう。体の重みを支えるのは、あくまでも体の背面。肩や腕で支えすぎないよう、あせらず、ゆっくり取り組みましょう

人に
見られるのが
恥ずかしい
方に

人前でもできる「こっそり3拍子ウォーク」①
3歩目だけ「息を吸う」

1 歩目

右足を踏みだす

2 歩目

左足を踏みだす

ここからは、人前でもできる「こっそり3拍子ウォーク」です。全部で3つありますが、1つ目は「3歩目だけ息を吸う」秘技。体を〝縦長〟にしたい方におすすめ。鼻からスーッと大きく息を吸うと、体が安定し、背中や胸がのびます。すると、腹筋・背筋が鍛えられ、姿勢もよくなる。体の重心が引き上がり、歩幅がラクラク広がる。しかも誰にも気づかれずに！　こっそりやせてしまいましょう（運動効果が上がるのは腕を90度に曲げるほうですが、人前では腕をのばしてOK）。息を吸ったあとは、しっかり吐くことも意識して。

3 歩目

息を吸う

通常より手の人さし指１本分だけ、右足の歩幅を広げた瞬間に、鼻からスーッと大きく息を吸う
※左右反対にして、くり返す

人に
見られるのが
恥ずかしい
方に

人前でもできる「こっそり3拍子ウォーク」②

3歩目だけ「胸を張る」

1 歩目

右足を踏みだす

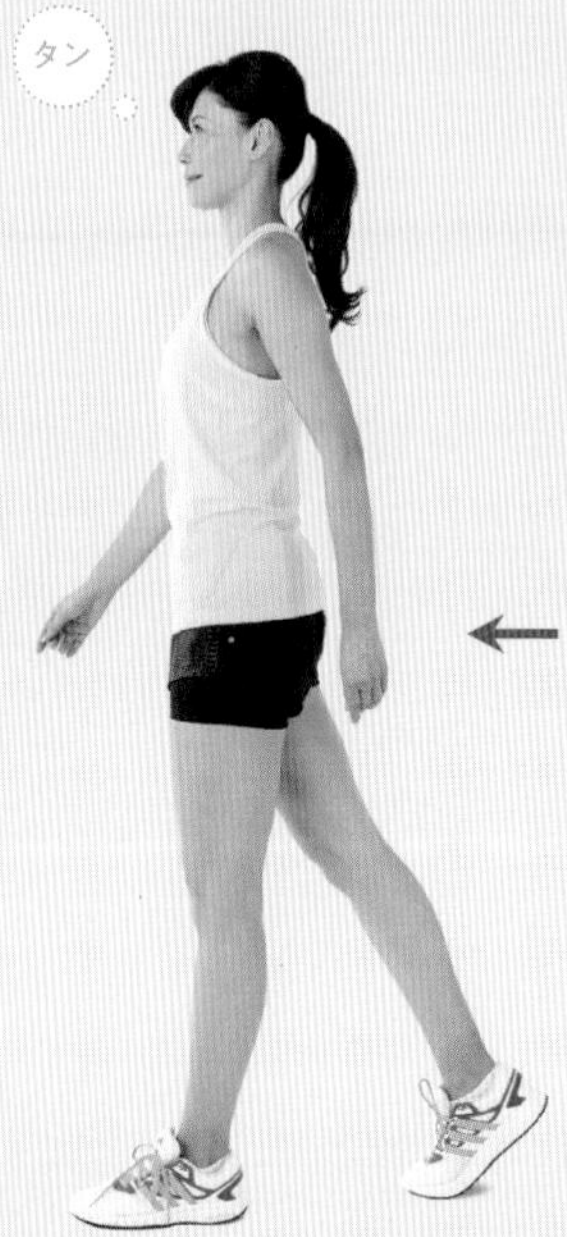

2 歩目

左足を踏みだす

2つ目は、両手がふさがっているときや、腕を振るのが苦手な方にもおすすめな「3歩目だけ胸を張る」秘技。呼吸が深くなり、脳が活性化し集中力がアップ。コチコチに縮んだ大胸筋をのばせば、レフ板効果で表情も華やぎます。胸を張りにくいときは、肩甲骨どうしを集める（寄せる）イメージで。首コリや肩コリも解消します。ただし、オーバーアクションになると、「鶏」のように見えるので要注意！

3歩目 胸を張る

通常より手の人さし指1本分だけ、右足の歩幅を広げた瞬間に、胸を張る
※左右反対にして、くり返す

人に見られるのが恥ずかしい方に

人前でもできる「こっそり3拍子ウォーク」③

3歩目だけ「下腹パンチ」

1 歩目

右足を踏みだす

2 歩目

左足を踏みだす

3つ目は、背中は丸めず、〝まっすぐ背筋〟のまま、さりげなく「3歩目だけ下腹をパンチする」秘技。パンチのときにお腹に力を入れると、腹筋が鍛えられます。

パンチする手は下腹近くに固定してもOK。集中したいパーツに手を当てると、そこが強くなります。

3 歩目

通常より手の人さし指１本分だけ、右足の歩幅を広げた瞬間に、片手のグー（パーでもOK）で下腹をパンチする。バッグを持っている手で行ってもOK。同じ回数（時間）、反対側の手でパンチできれば理想的

タン・タン・ターン♪を終えたあなたには、輝く黄金のステージが待っています

タン・タン・ターン♪の「やせる3拍子ウォーク」をマスターしたら、1週間で体が変わり、2週間でまわりの反応が変わり、3週間で心が変わります。笑顔が増え、オーラを放つようになったあなたはもう無敵。「見られることの気持ちよさ」が新たなエネルギーとなり、まったく新しいファッションを選びたくなっているでしょう。

心に余裕が生まれ、幼い頃から本当にやりたかったことを思い出し、ピュアな気持ちでチャレンジしたくなるかもしれません。こり固まった体と心のよろいを脱ぎ捨てられたのですから、あとは黄金のステージに上がるだけ。そう、本当に「自分らしい人生」の新たな幕開けです。

歩くことで、ドーパミンやセロトニンといった神経伝達物質が脳内に放出され、心地よさを覚えたり、モチベーションがアップしたりするのがわかっています。つまり、今のあなたのコンディションは、すでに自分史上最高のはず。次に向かうべき夢や目標を設定しましょう。

PART
2

「やせる3拍子ウォーク」で人生が輝きだすちょっとした習慣

やせるだけでなく「一石12鳥効果」があなたを変える

「やせる3拍子ウォーク」で手に入るのは、スリムなボディライン（①やせる）だけではありません。

見た目が変わる（②姿勢スラッ・うしろ姿キリッ、③O脚改善・歩き方きれい、④肌つや・若返り、⑥小尻・ヒップアップ）。

体が変わる（⑤血流アップ、⑦下腹ぺたんこ・お通じ改善、⑧猫背解消、⑨肩コリ・腰痛防止、⑩太りにくい体質へ、⑪疲れにくい体へ）。

つられて心も変わる（⑫自信がついて人生劇変！）。

だから、「人生そのもの」が好転していくのです。

自分史上最高のコンディションを手に入れ、輝く笑顔のあなたには、愛や仕事やお金がさらに舞い込むようになります。

体のプチトラブルがすべてクリアになり、自分の潜在的な力を自由に使える状態になったわけですから、結果が出るのは当然です。「年齢を重ねたらトラブルは当たり前」という古い常識は今すぐ手放しましょう。

一石12鳥効果

①やせる　②姿勢スラッ・うしろ姿キリッ
③O脚改善・歩き方きれい　④肌つや・若返り
⑤血流アップ　⑥小尻・ヒップアップ
⑦下腹ぺたんこ・お通じ改善　⑧猫背解消
⑨肩コリ・腰痛防止　⑩太りにくい体質へ
⑪疲れにくい体へ　⑫自信がついて人生劇変！

誰でも何歳からでも〝できる〟という心のスイッチで、人生は輝きだします

「歩くことで、人生が輝きだす？　無理無理、もういい年なんだから……」

「毎日仕事に追われ、時間もお金も余裕なし。キラキラ輝くどころじゃない」

そんな声も、聞こえてきそうです。

確かに年齢を重ねると、男女ともライフステージは変わるもの。自分が本当にしたかったことに向き合うのは難しくなりますよね。

でも、ちょっと待ってください。

「やせる3拍子ウォーク」を始めたあなたなら、他のどんなことにも挑戦できます。

歩き方を〝変える〟ことで、体を〝変える〟ことにも挑戦できたのですから、心の持ち方はもっと簡単に変えられます。〝できるスイッチ〟の押し方を、とっくに体得できたわけですから。

ここからは、あなたより一歩先に、新しい人生を歩み始めた人たちのリアルストーリーを紹介しましょう。まるで異次元にワープしたかのように、今までとはまったく異なる人生を歩み始めた人たちの実話です。

みるやせる習慣！

習慣１

飲んでも食べてもマイナス5.6kg！　リバウンドなし

武《たけ》市《いち》直《なお》子《こ》さん（48）

商売柄、かつての私はアルコール依存症の一歩手前でした。飲み放題の店で常連さんたちと酔っぱらい、帰宅してからも何かしらアルコールを飲んで泥のように眠る。そんな日々でした。「さすがに健康に悪い」と心を入れ替え、マユウ先生の教室を訪れたのです。ところが、左右の内ももにつきすぎたお肉が互いに邪魔をして１本線上を歩くことすら困難だったのです。そんな私にマユウ先生は、ワセリンクリームを贈ってくれました。それから「股ずれ」を気にせず歩けるようになり、体重はもちろん、太ももまわりまで2.5㎝ダウン。１本線上をカッコよく歩けるようになったときの感動といったら！　腕を正しくうしろに引いて歩いた結果、二の腕が細くなり、ひとまわり年下の彼ができたことも予期せぬ収穫です。

恐ろしい暴飲暴食を重ねながら
４か月経ったのに５・６kg減のまま！
しかもリバウンドゼロ！

職業	飲食店経営
体重	69.4kg → 66.0kg（1ヵ月） → 63.8kg（4ヵ月） （5.6kgダウン）
身長	167㎝
ウエスト	82.5㎝→ 76㎝ （6.5㎝ダウン）
太ももまわり	55㎝→ 52.5㎝ （2.5㎝ダウン）
二の腕	29.9㎝→ 28.3㎝ （1.6㎝ダウン）
変化期間	1か月

多忙な人ほどみる

習慣 2

ウソみたい!　体重15kgダウン＆身長3cmアップ

近《こん》藤《どう》景《けい》子《こ》さん（37）

職場でパーティの準備をしていた自分の姿をたまたま動画で見る機会があり、「なんてカッコ悪いんだろう」と思い、マユウ先生に教えを請いました。最初に指導されたのは「正しく立つこと」。「みぞおちのあたりからグッとつり上げられること」を意識して重心を爆上げ。脳内で「横長のへそを縦にすること」をイメージするとあらら不思議。へその形も数か月で「縦」へと変わってきたのです。正直、立っているだけでキツイ。だからこそ、姿勢を最初に正しくできれば、歩くことなんて簡単。体重も自動的にスルスル落ち、正しい姿勢はもちろん、「長時間ハイヒールで、エレガントに歩く方法」まで体得できました。スイーツも大好きですが、リバウンドなしです。

ワンランク上の〝ヒールウォーク〟で、同僚女子から羨望されるようになりました！

職業	金融 （趣味でピアノサークル運営）
体重	60kg→ 45kg （15kgダウン→15年で） 48kg→ 45kg （3kgダウン→4か月で）
身長	156cm→ 159cm （3cmアップ→5年で）

多忙な人ほどみるみるやせる習慣！

習慣 3

たった2か月で体重12kg、ウエスト13cm、太もも10cm減！

田《た》中《なか》有《ゆ》美《み》子《こ》さん（47）

マユウ先生のおかげで、たった2か月で12kgダウン。理由は楽しみながら多く速く歩いたこと。最初の頃、マユウ先生に「歩く速度が70代女性のレベル、歩《ほ》隔《かく》が広がりすぎ」と診断されたのでタクシーに乗るのもやめました。歩き方を変えたところ、あきらめていたサーフィンまでできるようになりました。

なによりも、自分が本当にしたいことが見えてきたのが収穫でした。私の場合、目先の目標はトライアスロン。人生の最終目標は、外国でのビジネス展開です。体が変わると、新たに目標を設定したくなる。だからライフチェンジが容易になる。私は世界中を行き来しているので、いつでもハイヒールを持ち歩きながらスニーカーで移動中。「グーグルマップで30分圏内なら歩く」がマイルールです。

飽き性の私でも、「3拍子ウォーク」はタン・タン・ターン♪で楽しいから続きます！

職業	飲食店経営
体重	非公表（12kgダウン）
身長	162㎝
ウエスト	84cm → 71cm（13cm ダウン）
太もも	62cm → 52cm（10cm ダウン）
変化期間	2か月

多忙な人ほどみるみるやせる習慣！

習慣 4

80代でも「3拍子ウォーク」はマスターできます!

新《あら》井《い》安《やす》代《よ》さん（80）

「100歳でも颯爽《さっそう》と歩ける自分でいたい」……そんな目標を掲げていた私にとってマユウ先生との出会いは“運命的”でした。

マユウ先生の歩き方を一度身につけると、そのスピードが速すぎてまわりが止まって見えます。「年齢を重ねてから一生懸命歩くと脚を痛めませんか？」とよく訊かれますが、体を正しく使って歩くと、脚に負荷はかかりません。負荷をかけるべきは、脚ではなく、お腹とお尻だからです。「歩幅を広げるなんて、どうやるのですか？」とよく訊かれますが、答えは簡単。「かかとのうしろのほう」に重心を置くつもりで、足を着地させるのです。80代の私が、すぐにマスターできたのですから、若い方なら一瞬でできるはずです。

ウエスト 7cm ダウン!

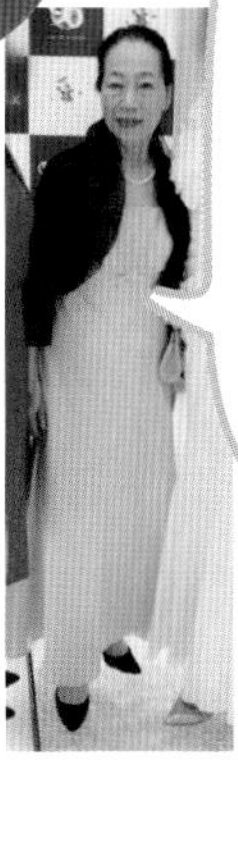

あなたも、ヒールを履きこなす80歳を目指しませんか？

職業	体操インストラクター（元公務員）
体重	54kg→ 49.8kg（4.2kgダウン）
身長	156cm
ウエスト	75cm→ 68cm（7cmダウン）
変化期間	4か月

多忙な人ほどみるみるやせる習慣!

習慣 5

50代で“くびれ”復活!

若《わか》槻《つき》佳《よし》美《み》さん（51）

家庭優先の人生でしたが、子どもに留守番をまかせられるようになり、マユウ先生のレッスンを受けました。

雨の日以外は毎日約40分、歩幅を広げて気持ちよく歩くことを日課にしたところ体型が劇変！　背中や二の腕の肉が減り、へそまわりは9.7㎝も細くなったのです。さらに体脂肪率は0.7％減、筋肉量は反対に0.3㎏増。まさか50代で筋力が増えるとは思ってもみませんでした。うしろ姿のボディラインが劇変したのも衝撃でした。背中から脇腹にかけて“存在を主張していた肉たち”が落ち、くびれも出て、うしろ姿が細くなったのです。「老化は顔や“前からの見た目”に表れる」と思い込んでいた私にとって、いい意味でショックでした。

うしろ姿が
キリッと
劇変!

まさかこの年で〝くびれ〟ができるとは！

職業	講師（ウォーキング、健康マネジメント、ビジネス研修）
体重	57.2kg→ 55.9kg（1.3kgダウン）
へそまわり	81.7cm→ 72.0cm（9.7cmダウン）
下腹	88.9cm→ 84.1cm（4.8cmダウン）
体脂肪率	29.3% → 28.6%（0.7%ダウン）
筋肉量	32.2kg→ 32.5kg（0.3kgアップ）
変化期間	1か月

多忙な人ほどみるみるやせる習慣！

習慣6

2週間でメタボ体型を脱出!

佐《さ》藤《とう》研《けん》さん（46）

忙しすぎる経営者で車好き（歩かない・電車すら乗らない）。かつ喫煙者、高血圧、白米ファン。“悪条件の四重奏”を奏でてきた僕ですが、マユウ先生の指導のおかげで、２週間でメタボ体型を脱出。徐々に高血圧を正常化することができました。

それまで「着地の際は、かかとから足の裏全体に重心をかける」という意識だけでした。でも、３歩目だけ歩幅を広げ、「うしろ脚の重心を前に移すとき、うしろ脚のふくらはぎにも負荷をかけ、地面を足指で強く蹴る」ようにしたのです。すると、ベルトの穴１個分、へそまわりがスリムに！　僕のせっかちな性格も幸いしたかもしれません。歩幅を広げれば広げるほど、歩く速度が自動的にアップしているではないですか。これは快感。もうやみつきです！

へそまわり
2週間で
5.3cm
ダウン

仕事人間で運動嫌いの僕でも、
血圧が劇的改善！
うしろ脚の〝ふくらはぎで蹴る〟意識で
なんとか継続できています

職業	会社経営
へそまわり	88.8㎝→ 83.5㎝ （5.3㎝ダウン）
血圧 （最高/最低）	180/90mmHg → 120/80mmHg （ただし、この期間、 降圧薬も服用）
変化期間	2週間（へそまわりのみ）

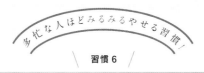

うしろ姿がみるみる変わる！
どこから見てもカッコいい〝360度美人〟になる「3拍子ウォーク」

「やせる3拍子ウォーク」なら、うしろ姿まで自動的にやせます。その秘訣は「3歩目だけ腕を真うしろに引く」（P40）にあります。腕を真うしろに引くと、うしろ姿がスッキリし、見た目年齢が一気に若返ります。

　これは、二の腕や肩甲骨まわりに強力に作用するため、普段使っていない「体のうしろ側」が刺激されるからです。そのうえ、コリがほぐれたり、血流がよくなったり、肩コリや猫背、「スマホ首」が自動的に改善・解消していくのです。

　体を動かすことが苦手な人でも、「腕を真うしろに引く」とき、「振り子の原理」が働くため、容易にできるのが特長です。

　また、腕をハの字型に振る癖（斜め外に振るスタイル）のある人は、この機会に腕の振りの向きを見直してみましょう。そのままではパーソナルスペースを大きくとるばかりか、まわりに迷惑をかけてしまいます（特に傘を持っているとき）。次は、しぐさ・ふるまいだけで「見た目マイナス2kg」！　きっと、あなたの心に火がつくはずです。

しぐさ・ふるまいだけで「見た目マイナス２kg」！誰でもできるけど誰もやっていないちょっとした６つのコツ

人間の脳は目の錯覚で、実際の大きさを「カン違い」することがあります。

体の末端の向きを揃えたり、体の一部を交差させたりするだけで細く見えることがあります。ですから、その法則を知っておけば〝縦長感〟を演出できるのです。

しぐさ・ふるまいだけで「見た目マイナス２kg」！
誰でもできるけど誰もやっていない
ちょっとした６つのコツを紹介しましょう。

しぐさ・ふるまいだけで「見た目マイナス2kg」①

信号待ちで“足クロス”

猫背・骨盤のゆがみ・下腹ぽっこりの“魔の三重奏”

一瞬カッコよく見えるが、左右のバランスが“崩壊”寸前。体のゆがみは肥満を招く

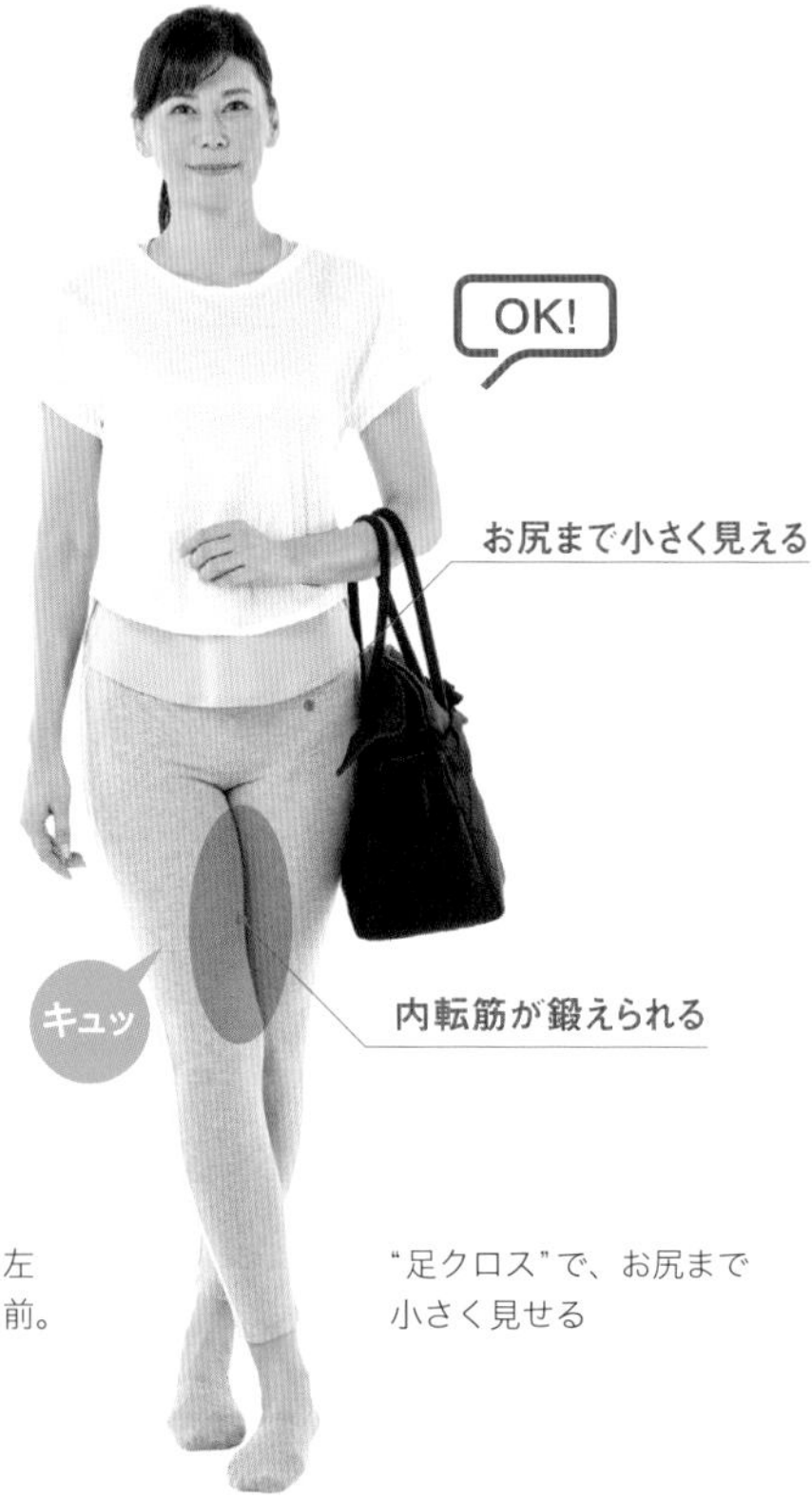

“足クロス”で、お尻まで小さく見せる

信号待ちの数十秒間でも、「見た目マイナス2kg」は実現可能です。秘訣は、“足クロス”。片脚を前に出してクロスさせることで、両脚内ももの内転筋に刺激をON！ 内転筋は骨盤を安定させるので、下腹も自動的に引っ込んでくれます。「前に出す脚」はその都度変えましょう。また、脚がX《エックス》型になると目の錯覚で縦長に見え、一瞬でスタイルアップできます

しぐさ・ふるまいだけで「見た目マイナス2kg」②

“中指・薬指持ち”で二の腕スリム化

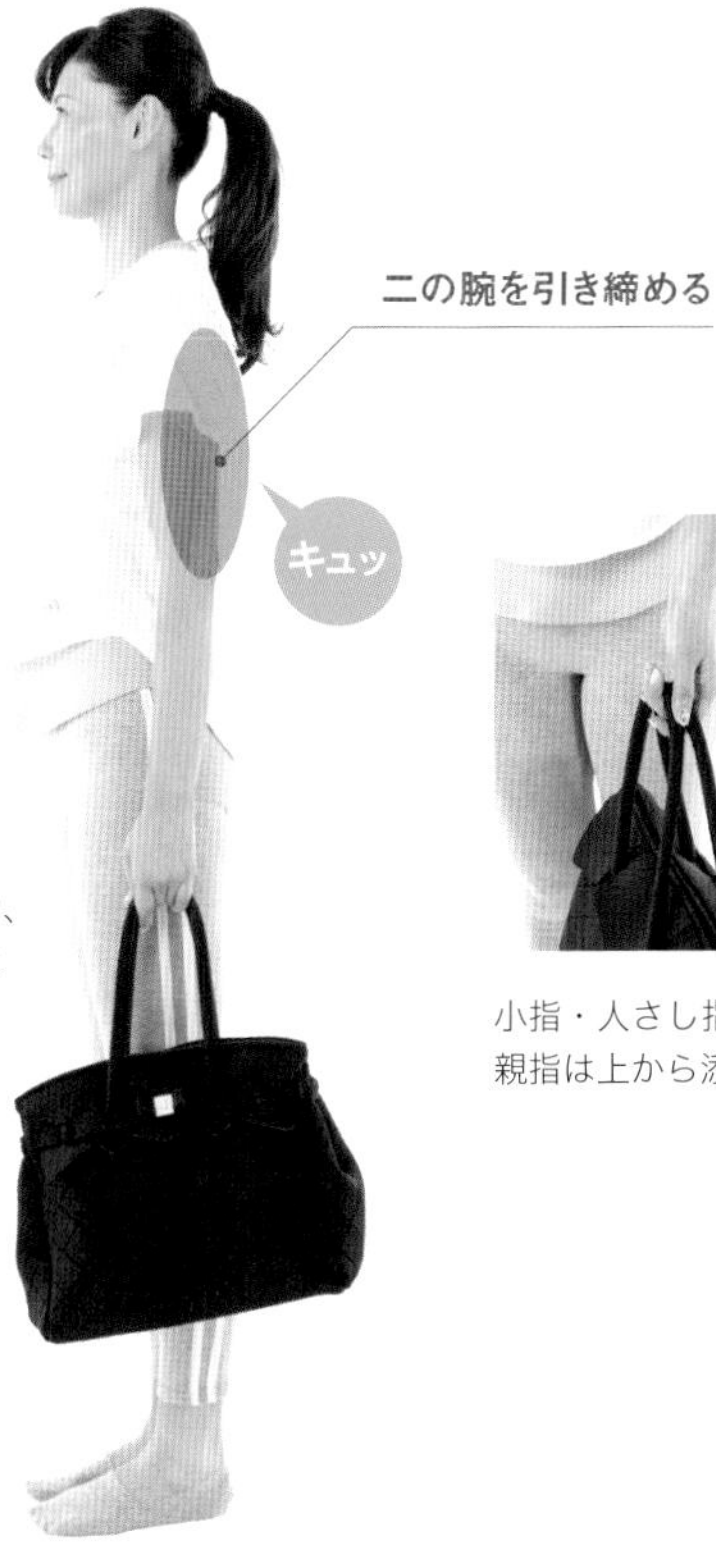

いつものバッグを、
ダンベル代わりに
フル活用！

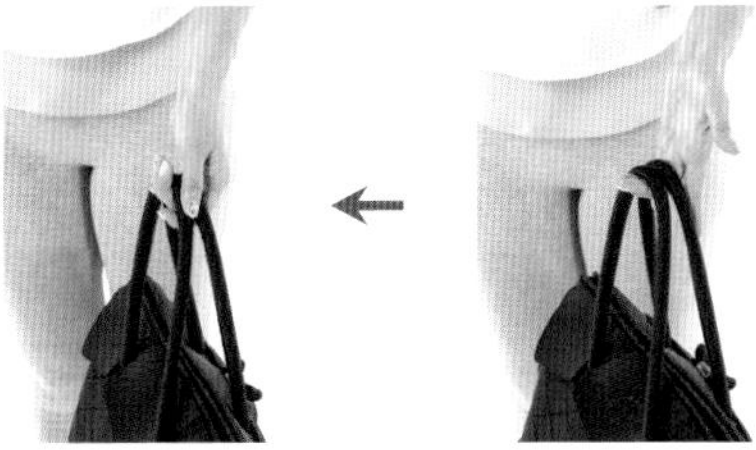

小指・人さし指は下から、
親指は上から添える

中指・薬指で持つ

バッグの握り方ひとつで、二の腕のスリムアップに効くエクササイズに変身します。おまけに、目の錯覚で「細見え効果」も。女性はエレガントに、男性はカッコよく見えます。普段あまり力を入れない中指と薬指でバッグを持てば、二の腕がよりスリムに。美しく歩いて注目を集めながら、上半身の体型まで劇変させましょう

しぐさ・ふるまいだけで「見た目マイナス2kg」③

美しく洗練された
バッグの持ち方

バッグを体の前で持つと、脚に当たるので、ちょこちょこ歩きになる

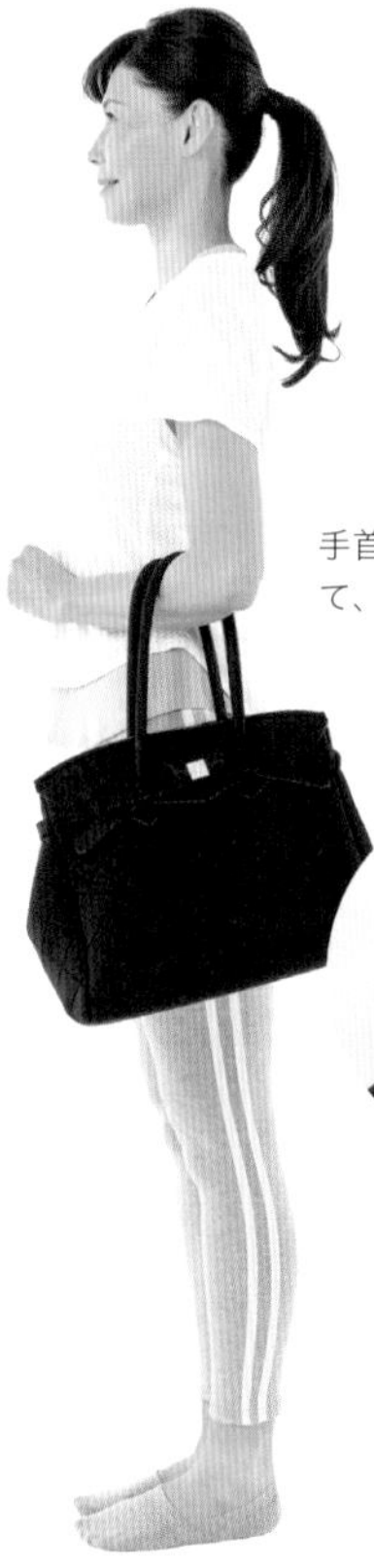

手首を返すと曲線が出て、女性らしくなる

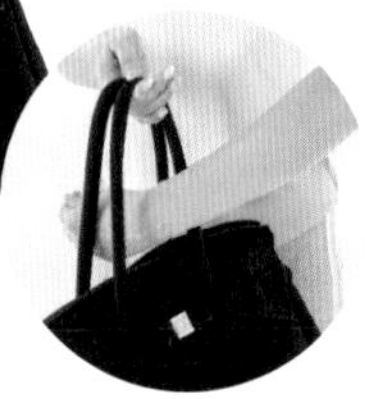

バッグの前（正面）から腕を入れる

バッグの持ち方ひとつで、体全体がスッキリ細くなり、エレガントに見えます

しぐさ・ふるまいだけで「見た目マイナス2kg」④

片足重心で脚長・美脚効果

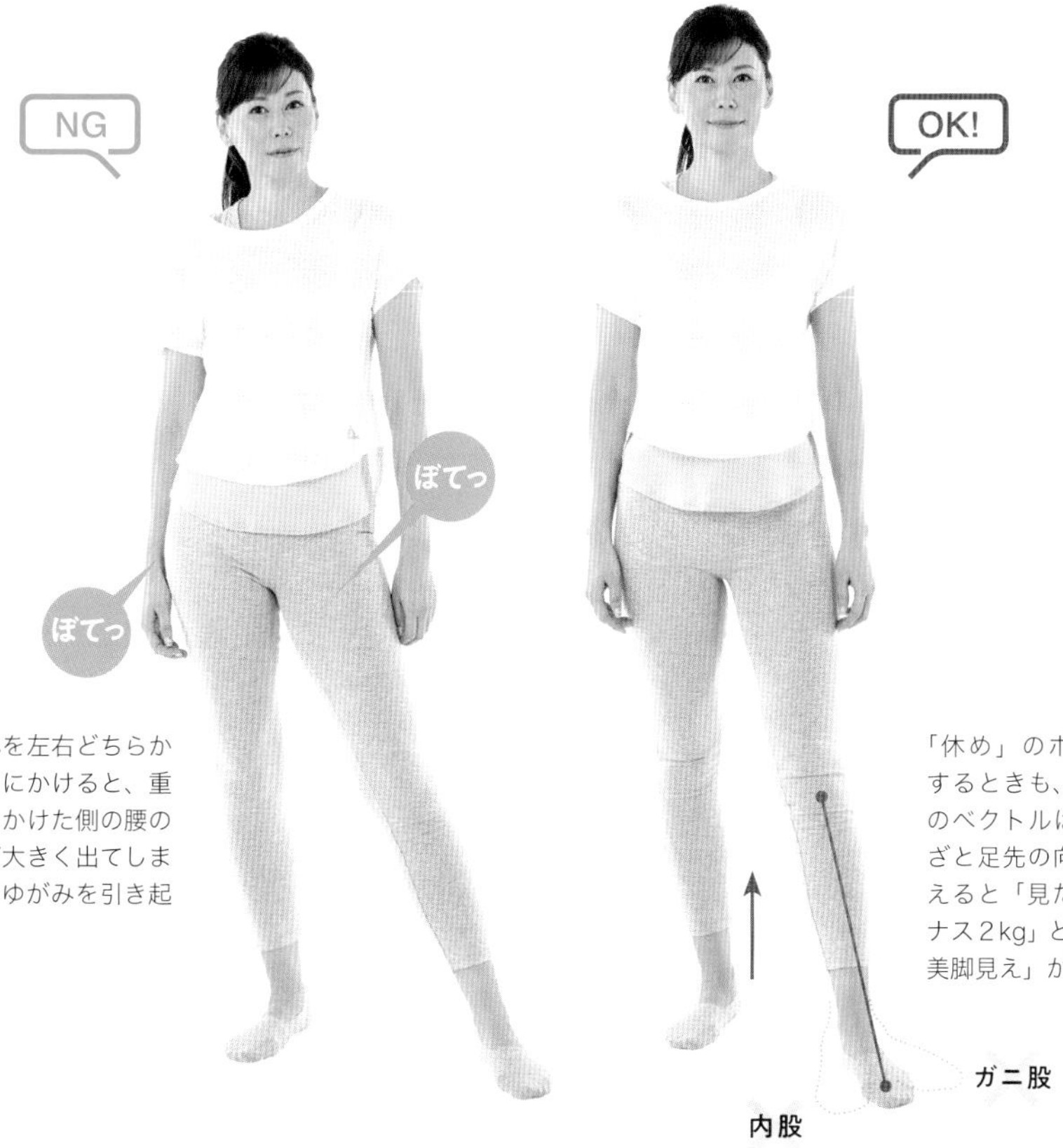

重心を左右どちらかの足にかけると、重心をかけた側の腰の骨が大きく出てしまい、ゆがみを引き起こす

「休め」のポーズをするときも、重心足のベクトルは上。ひざと足先の向きを揃えると「見た目マイナス2kg」と「脚長・美脚見え」が実現

長時間立ち続けなければいけないとき、間違った重心のかけ方をすると、お尻と太ももが膨張して見えます。「重心足」のベクトルは、あくまで上。そして、ひざと足先の向きは揃えます。これだけでも、脚長・美脚効果大！　「見た目マイナス２kg」が実現します

しぐさ・ふるまいだけで「見た目マイナス2kg」⑤

アッパーつり革ストレッチ

いつもより高いつり革を
持つと、さらに筋トレ&
ストレッチ効果アップ！

電車やバスのつり革を持つとき、なるべく高いところを選ぶと、腕も体幹も無理なくのばせるストレッチとなり、内転筋も二の腕も絞り上がります。両くるぶしとひざを近づけるのが大原則。ゆれや急ブレーキに気をつけながら行いましょう

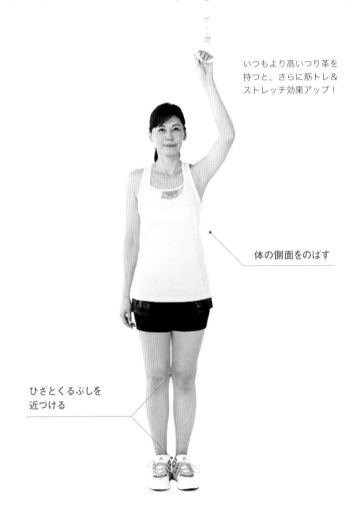

しぐさ・ふるまいだけで「見た目マイナス2kg」⑥

電車内では骨盤を90度に

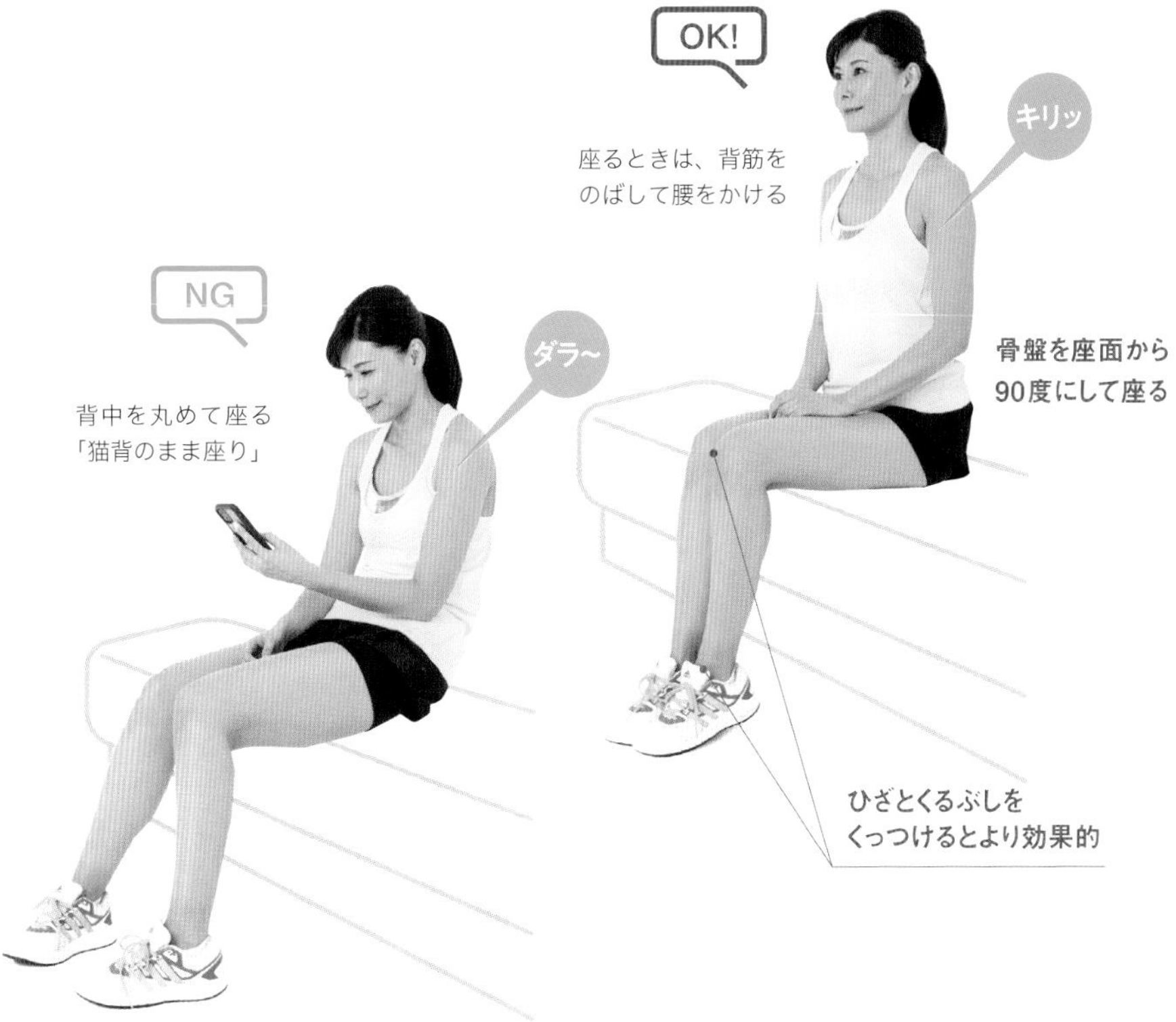
OK!
座るときは、背筋を
のばして腰をかける
キリッ
骨盤を座面から
90度にして座る
ひざとくるぶしを
くっつけるとより効果的
NG
背中を丸めて座る
「猫背のまま座り」
ダラ〜

座るときは、背筋をまっすぐに保ったまま、美しく腰をかけます。座ったら「骨盤を起こすイメージ」で骨盤を座面に対し90度に保ちましょう。ひざとくるぶしをくっつけるとさらに効果的です

「ながら3拍子ウォーク」の習慣 3大効果

実際、「ながら3拍子ウォーク」を続けると、体内でどんな変化が起こるのでしょうか。大きな筋肉が下半身に6~7割あるので、歩幅を広げることで筋肉が働き、徐々にやせていくのです。それ以外に、3つの効果について触れておきましょう。

1つ目は「消化・吸収・排泄機能アップ効果」です。

歩行時に、まず右足を出したとき、右手は自動的に真うしろに引かれます。もちろん、反対側も同様で、左足を出したとき、左手は真うしろに引かれます。

この瞬間、お腹まわりにひねり運動が加わることで内臓が刺激され、消化・吸収・排泄機能が向上するのです。

また、ウエストまわりが上下に引っ張られるので、「ウエストラインがくびれ上がる」効果もあります。

2つ目は、ふくらはぎのポンプ運動による「血流アップ効果」です。

歩幅を広げて歩くことで、「第2の心臓」といわれるふくらはぎでポンプ運動が起こる。

1
消化・吸収・排泄機能アップ

2
血流アップ

3
脳の活性化

すると、足指まで下がっていた血液が、ふくらはぎを通して心臓に送り戻されるため、血液循環が改善されます。

３つ目は、腕を真うしろに振ることによる「脳の活性化効果」です。

腕を真うしろに引くと、胸はおのずと広がり、呼吸がより深くなって酸素供給量がアップ。脳が活性化されます。

フランスの研究者たちが、60～76歳の高齢者を対象に、１日45分のウォーキング（一部の人はジョギング）を週２日ペースで２か月間実施し、その前後で認知テストをする実験を行いました。

その結果、「ウォーキングを実践した群」の認知テストの結果は12％向上しました（一般社団法人日本ウオーキング協会テキストより）。ウォーキングの力、恐るべしですね。

笑顔で歩けば自然と続く習慣になる！

ウォーキング愛好者にありがちなのは、一生懸命やりすぎて笑顔が消えてしまうことです。特に、高い目標があると、真剣になりすぎて、鬼のような形相《ぎょうそう》で歩き続ける人は珍しくありません。ただ、私もそうでしたので、その気持ち、よくわかります。

でも、笑顔で歩けば、気持ちにも余裕が出て、より楽しく「やせる3拍子ウォーク」を続けられます。その結果、歩行スピードがアップし、歩行距離が長くなり、ラクラク歩けるようになります。「きつい」と感じたときこそ、笑顔を浮かべるようにすると効果的です。

たとえ「体がしんどい」と感じたとしても、笑顔をつくることで楽しい感情が湧き起こってきます。実際に、脳はそんな仕組みになっているのです。

ぜひ「やせる3拍子ウォーク」で、「体がよりすこやかになった」と実感しつつ、次のステップにある「笑顔」も手に入れてください。

笑顔は、お金では買えません。笑顔とは内

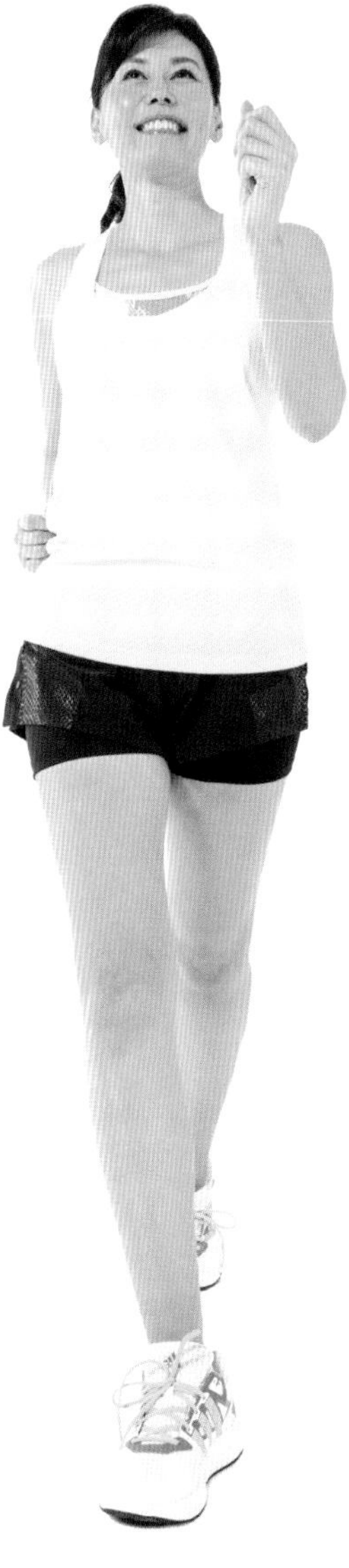

面から自然にあふれ出てくる「真の美」だからです。それに、顔の筋肉は年齢とともにこり固まったり、衰えたりしてきます。何も対策をしないと口《こう》角《かく》が下がり、どんどん不満げな顔になってしまいます。

だから、意識的に笑顔の瞬間を増やしていきませんか。

「口角と目《め》尻《じり》を近づけること」をイメージして、自然な笑顔を浮かべてみてください。

「3拍子ウォークって面白い」

「体をしっかり使って歩くって楽しい」

そんな感情をひとりじめせずに、外に向かって美しく表現すると、あなたも次のステップへ自動的に行きます。

人生１００年時代、90歳になってもハイヒールの履ける（ゴルフができる）人生を

私はこれまで、人生の諸先輩方の〝命の転換点〟を目の当たりにしてきました。骨折して寝たきりになった祖母。定年を迎え、「これから趣味を満喫したい」と話していた矢先に脳梗塞や心筋梗塞に見舞われた人たち。

脅《おど》かすわけではありませんが、何もしないと体は衰えていくもの。年齢とともにホルモンバランスの関係で、お腹が出て骨も弱くなり、不眠や疲労感に悩まされます。

とはいえ、年齢のせいとあきらめるのは早計です。加齢による体の変化に気づいたとき、何かしたいと思い立ったとき、「手の人さし指1本分」（約８㎝）、歩幅を広げて歩くことを習慣にできるかどうかが、人生の分かれ道なのです。

「人生１００年時代」が叫ばれるようになりましたが、90歳になってもハイヒールの履ける人生を送りたいと思いませんか。旅行を楽しみたいと思いませんか。男性なら、90歳になっても、ゴルフができたり、仕事に没頭できたり、仲間と楽しいひとときを共有できる人生を満喫したいと思いませんか。

歩き方ひとつで健康寿命がのばせるなら、こんな素晴らしいことはありません。

ひとりでも多くの方が、「未来をつくる8cm」に目覚めていただき、笑顔あふれる人生を歩んでいただくことを願っています。

最後になりましたが、現役医師の立場から「やせる3拍子ウォーク」を推薦いただいた吉《よし》原正宣《はらまさのぶ》先生（足と歩行の診療所院長）、ウォーキングの素晴らしさや楽しさを教えてくださった宇佐美彰朗《うさみあきお》東海大学名誉教授、一般社団法人日本ウオーキング協会のみなさま、健康づくりのために「3拍子ウォーク」を活用くださる各種企業の方々、私ども協会のインストラクターはじめ、プレミア倶楽部、チームウォーキングほかすべてのみなさま、そして本書で私と初めて出会ってくださった多くの方々に心からの御礼を申し上げます。

あなたと、あなたの大切な人のさらなる充実した人生を願って。

ウォーキングスペシャリスト
山口マユウ

「やせる3拍子ウォーク」
21日で私が変わる!
チェックシート

チェックシートに書くだけで、
「やせる3拍子ウォーク」の効果を
より早く&強く実感できます。

１週間で体が、
２週間でまわりの反応が、
３週間で心が変わる
「やせる３拍子ウォーク」。
さあ、始めてみましょう!

1週目（1～7日）

まずは次の3つをやってみましょう！
終わったら「はなまる」をつけて。

1. 移動中にできる「やせる3拍子ウォーク」**3つの基本**→P37～43
2. **テレビを見ながら**「3秒・3拍子ウォーク①～④」→P51～54
3. 寝転びながらできる！　リラックス効果バツグンの**ストレッチほか＆お尻上げ**→P55～63

※スマイルメモには、「気持ちよかった」「スッキリした」「ウエストが引き締まった気がする」「『ちょっとやせた？』といわれた」など、気づきや変化、よかったことを記録しましょう。

それぞれ1セットからスタート！　運動強度は“ややきつい”くらいがおすすめ

1週目	3つの基本	テレビを見ながら	ストレッチ＆お尻上げ	スマイルメモ
見本 ○月▲日				気持ちよかった！
月　日				
月　日				
月　日				
月　日				
月　日				
月　日				
月　日				

▶7日間やってみて感じたこと（うれしかったこと）を書きましょう！

2週目（8〜14日）

少しずつ体が「3拍子ウォーク」に慣れてきた頃かもしれません。
ここで「ボウリングウォーク♪」（P49）をプラスすることで、
より大きな変化を実感できます！

1. 移動中にできる「やせる3拍子ウォーク」3つの基本→P37〜43
2. テレビを見ながら「3秒・3拍子ウォーク①〜④」→P51〜54
3. 寝転びながらできる！　リラックス効果バツグンのストレッチほか&お尻上げ→P55〜63
4. **「ボウリングウォーク♪」**→P49

2週目	3つの基本	テレビを見ながら	ストレッチ&お尻上げ	ボウリングウォーク♪	スマイルメモ
＿月＿日					
＿月＿日					
＿月＿日					
＿月＿日					
＿月＿日					
＿月＿日					
＿月＿日					

できなかった日があっても、次の日からまたスタートすればOK！

▶14日間がんばった自分をほめる言葉、ねぎらう言葉を書きましょう！

3週目（15 ～ 21日）

「変わってきている自分」を実感できた人は、
外で楽しくできる「3拍子ウォーク」にもチャレンジ！
前向きな気持ちになり、自信もついてきます！

1. 移動中にできる「やせる3拍子ウォーク」3つの基本→P37～43
2. テレビを見ながら「3秒・3拍子ウォーク①～④」→P51～54
3. 寝転びながらできる！　リラックス効果バツグンのストレッチほか＆お尻上げ→P55～63
4. ボウリングウォーク→P49
5. **休日、公園や遊歩道で**たっぷり体を動かしましょう→「タン・タン・アップ♪」（P44）～「クロス・クロス・ツイスト♪」（P48）

3週目	3つの基本	テレビを見ながら	ストレッチ＆お尻上げ	ボウリングウォーク♪	休日	スマイルメモ
___月___日						
___月___日						
___月___日						
___月___日						
___月___日						
___月___日						
___月___日						

▶21日前の自分と比べて今の自分はどんな感じですか？　気づいたこと（うれしかったこと）を書きましょう

21日チャレンジ成功、おめでとうございます！

続けることで、もっともっと、ステキなあなたに変わります！

3週間、よくがんばりましたね！

体につられて心も軽くなりました。

続けるスイッチが入ったあなたは、さらに輝くステージへ

3か月後の私は

になっている！

ぜひ、空欄を埋めてみてください。

理想の私、大好き。

自分を愛せるステキなあなたをいつも応援しています。

山口マユウ

[著者]
山口マユウ（やまぐち・まゆう）

ウォーキングスペシャリスト／一般社団法人 日本DF WALK協会代表理事／テレビ通販の完売女王
「90歳になってもハイヒールの履ける（ゴルフができる）人生を」をモットーに、これまで6万人以上を指導。タン・タン・ターン♪と3歩目だけ手の人さし指1本分（約8㎝）、歩幅を広げるだけで楽しく続く「やせる3拍子ウォーク」が「再現性と即効性がある」と受講生に大人気。モデル・女優・各種企業・学校・行政からの信頼も厚く、社員研修、講演も高いリピート率を誇る。一般社団法人 日本DF WALK協会を立ち上げ、日本と中国で認定ウォーキングインストラクターを育成。女優やモデルだけでなく一般の人たちを数々のコンテストのグランプリやファイナリストに育成する手腕が注目を集めている。2011年、自らも第4回『ミセス日本グランプリ』40代グランプリ。「ビビノバスリムサポートインソール」をプロデュースし、ディノス通販売れ筋ランキング「バッグ・靴・アクセサリー部門」第1位、テレビ通販QVCジャパン売れ筋ランキング「健康・ダイエット部門」第2位。QVCジャパンでは、出演するたびに完売が続いている。メディア出演多数。本書が初の著書。
【一般社団法人 日本DF WALK協会HP】
https://dfwalk.com/

医者が絶賛する歩き方
やせる3拍子ウォーク
——タン・タン・ターン♪で楽しく続く

2020年4月8日　第1刷発行

著　者 —— 山口マユウ
発行所 —— ダイヤモンド社
〒150-8409　東京都渋谷区神宮前6-12-17
http://www.diamond.co.jp/
電話／03·5778·7236（編集）　03·5778·7240（販売）

デザイン —— 鈴木大輔・江﨑輝海・仲條世那（ソウルデザイン）
撮影・動画 —— 古屋和臣
ヘアメイク —— 夏美
スタイリスト —— Sonoko Takahashi
編集協力 —— 山守麻衣
企画協力 —— 天才工場
校正 —— 加藤義廣、宮川咲
製作進行 —— ダイヤモンド・グラフィック社
印刷 —— 勇進印刷
製本 —— ブックアート
編集担当 —— 寺田庸二

ISBN 978-4-478-10884-0